Friedrich Lederer

Zeit, Raum und Kausalität

Friedrich Lederer

# Zeit, Raum und Kausalität

*Warum? Wozu?*
*Betrachtung über das, was man*
*wissen* ***kann*** *und glauben* ***muss****,*
*was man denken kann, und wie man sich*
*einen Reim darauf machen kann.*

Haag + Herchen

*Umschlagmotiv: Dr. Friedrich Lederer*

Bibliografische Information der Deutschen Nationalbibliothek
Die Deutsche Bibliothek verzeichnet diese Publikation in der Deutschen Nationalbibliografie; detaillierte bibliografische Angaben sind im Internet unter http://dnb.dnb.de abrufbar.

ISBN 978-3-89846-911-1


Schwarzwaldstraße 23, 63454 Hanau

Satz und Layout: mr
Umschlaggestaltung: Maria Reichenauer
Herstellung: dp
Printed in Germany

Verlagsnummer 3911

*Für meine Frau Maria*
*in Dankbarkeit*

# Inhaltsverzeichnis

# Zum Geleit

Atheisten haben, wie ich oft feststellen konnte, die Eigenschaft, von sich aus die Diskussion anzustoßen, um die Bestätigung zu erheischen, dass man ihnen bei ihrem Unglauben recht geben möge.

In einem Interview[1] hat die Physikerin (Theoretische Physik) Sabine Hossenfelder auf die Frage, ob sie an Gott glaube, mit einem kurzen »No« geantwortet, um dann eine meines Erachtens schöne Definition nachzuschieben: »Religious explanation is an oxymoron. Religion is what people draw upon if they don't want to admit that they have no explanation.« – »Religiöse Erklärung ist ein Oxýmoron[2]. Religion ist das, was Menschen hervorziehen, wenn sie nicht zugeben wollen, dass sie keine Erklärung haben.« Das trifft genauso auf die Religion der Synergetiker und Atheisten zu, die der Meinung sind, dass die Welt vom Urknall bis zum *homo sapiens* allein durch die Selbstorganisation des Zufalls entstanden sei.

Ich möchte aufzeigen, dass Atheisten keineswegs ohne Glauben auskommen können. ›Synergetisch‹ bedeutet ursprünglich ›zusammen-, mitwirkend‹ und war früher eher ein Begriff aus der Psychologie und aus der Religion. In der Naturwissenschaft hat er aber die oben genannte Bedeutung. Viele Erscheinungen erwecken auch durchaus diesen Eindruck, seien es zum Beispiel der Aufbau von Kristallstrukturen,

---

1 Download eines Interviews von John Horgan, 1.2.2016, https://blogs.scientificamerican.com via Wikipedia am 10.6.2018.

2 In sich widersprüchliche Wortbildung, z.B. »beredtes Schweigen«, »süßsauer«.

die Spiralmuster in der Sonnenblume oder die verblüffende Gesamtbewegung von Vogel- oder Fischschwärmen. Ist die Mathematik etwas, was uns nur hilft, Erscheinungen in der Natur zu beschreiben, Abläufe vorherzusagen – oder sind mathematische Phänomene wie z.B. die Fibonacci-Zahlen[3] in der Natur immanent?

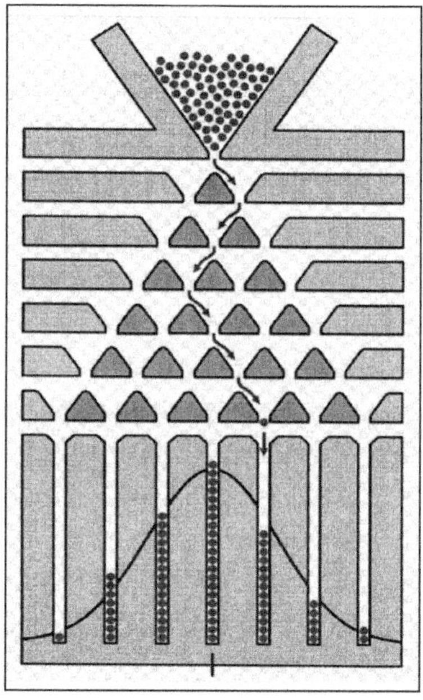

Auch der Zufall hat seine Gesetze, wie man experimentell zeigen kann, zum Beispiel am Galtonschen Brett, erfunden von Sir Francis Galton (1822 -1911), einem Vetter von Charles Darwin. Damit kann man die Gaußsche Fehlerkurve gleichsam ›vorführen‹ (vgl. Abbildung oben).

›Ver-führen‹ können alle diese Beobachtungen zu der Annahme, dass das in der gesamten unbelebten und belebten Natur auch so ablaufen müsse. Die Beobachtung der Natur, die daraus zu ziehenden Schluss-

3 Dazu später in Kapitel 4, Seite 45

folgerungen, das Bestreben, die Ursachen zu erkennen und dann das alles schlüssig zu schildern – sei es mit wohlgesetzten Worten, sei es mit griffigen Formeln – führt uns oft in ein Geflecht von Widersprüchen.

Der Garten Eden (*Genesis,* Kapitel 3) war wohl eine Streuobstwiese, in der Eva den Apfel als Sündenfallobst vom Baum der Erkenntnis aufgelesen hat. Und das ist dem ersten Menschenpaar nicht gut bekommen.

# 1. Glaube – ein vielschichtiger Begriff

Im Großen Wörterbuch der deutschen Sprache, dem Duden[4] steht als Worterklärung: »innere Sicherheit, die keines Beweises bedarf, gefühlsmäßige Bindung an eine Autorität, Vertrauen auf jemanden oder etwas«. Das deutsche Wort Glaube kommt aus dem Althochdeutschen *gilouben* und hängt mit der Wortwurzel *lub* = loben zusammen. Albert Keller SJ fächert den Begriff in seiner Abhandlung ›Grundkurs des christlichen Glaubens. Alte Lehren neu betrachtet‹ (Freiburg 2011) auf. Er schreibt da[5]:

> »Zunächst ist das verbreitete Vorurteil auszuräumen, man könne die Menschen in Gläubige und Ungläubige einteilen. Weil alle glauben, gibt es nämlich keine schlechthin Ungläubigen, auch wenn Anhänger einer Religion andere, die ihre Überzeugung nicht teilen, fälschlich ›Ungläubige‹ nennen. Daher steht gar nicht zur Frage, ob einer glaubt, sondern nur, was er glaubt und ob er das wenigstens vor sich selbst zu rechtfertigen vermag.«

Keller unterteilt dann in »Glauben als Vermuten« – »Glauben als ›überzeugt sein‹, als ›etwas für wahr ansehen‹« – »Annehmen der Aussage eines anderen auf sein Wort hin« – »Glauben an: auf etwas bauen (Hingabeglaube)«.

Und folgert dann:

> »In allen Fällen ist Glauben zu verantworten: jeder sollte – zumindest sich selbst – Rechenschaft darüber geben, warum er glaubt, was er glaubt und vor allem, an wen er glaubt.«

---

4 Mannheim/ Wien/ Zürich 1976

5 Gesamtskriptum überarbeitete Fassung 2010, 0.2 Thema 1: ›Was heißt glauben?‹

Schlägt man in ›Der große Georges – Ausführliches lateinisch-deutsches Handwörterbuch‹ nach, findet man unter dem Stichwort *credo* u.a. »vertrauen, trauen, Glauben schenken, anvertrauen, etwas glauben, für wahr halten, etwas dafürhalten, meinen, sich einbilden ...« Sechs engbedruckte Spalten an Zitaten und Erläuterungen!

Das andere lateinische Wort für Glauben – *fides* – wird etwas kürzer behandelt: »Vertrauen, Zutrauen, Glaube, Überzeugung, Kredit, Ehrlichkeit, Treue, Zuverlässigkeit, der sichere Erfolg, die Erfüllung, Glaubwürdigkeit, Wahrheit, Gewissheit.« Weiteres dazu in den Kapiteln 2 und 7!

Im Alten Testament findet man bei Habakuk 2,4 folgende Aussage – Text nach der Vulgata:

> »Ecce qui incredulus est, non erit recta anima ejus in semetipso: justus autem in fide sita vivet.«

*Incredulus* heißt ›ungläubig‹. Die Übersetzung bei Luther (1984) lautet: »Siehe, wer halsstarrig ist, der wird keine Ruhe im Herzen haben, der Gerechte aber wird durch seinen Glauben leben.« Die Einheitsübersetzung schreibt: »Sieh her: Wer nicht rechtschaffen ist, schwindet dahin, der Gerechte aber bleibt wegen seiner Treue am Leben.«

Im hebräischen Original habe ich den Begriff אֱמוּנָה (*émunach*) gefunden, was wohl ›vertrauen, trauen, glauben‹ bedeutet und לֹא־יָשְׁרָה (*lo-jaschrah*), was wohl ›unrecht, unaufrichtig, unzuverlässig‹ heißt. Paul Rießler übersetzt: »Der Aufgeblasene hat keine grade Seele. / Nur der Gerechte bleibt durch seine Redlichkeit am Leben.«

Und in der Neue-Welt-Übersetzung steht: »Sieh nur den Stolzen an. In seinem Innern ist er nicht aufrichtig. / Der Gerechte aber wird wegen seiner Treue leben« (mit zusätzlichen Übersetzungsvarianten der beiden Begriffe). Wenn man alleine die Übersetzungsvarianten bei Bibelzitaten ansieht, wird da schon viel Glaubensbereitschaft eingefordert, was denn nun wirklich im Original stehen soll.

Sei es, wie es sei – die Vernunft gebietet uns, immer zu wissen, wenn wir etwas nicht wissen, sondern nur »für wahr halten, bis zum Beweis des Gegenteils«. Das ist das Falsifikationskriterium, mit dem Karl R. Popper den Unterschied zwischen Hypothesen und Theorien heraushebt, wobei er fordert, dass eine Theorie nur dann eine Theorie heißen darf, wenn sie Falsifikationskriterien anbietet.

## 2. Glaube und Vernunft

Wie ich immer wieder beobachten konnte, entspinnt sich ein Gespräch über ›Gott und die Welt‹ zumeist zwischen Tür und Angel. Dabei meint jeder, mit seinem Verstand ausreichend gerüstet zu sein, mitreden zu können. Denn:

> »Der gesunde Verstand ist die bestverteilte Sache der Welt; denn jedermann glaubt, so wohl damit versehen zu sein, dass selbst einer, der in allen anderen Dingen nur sehr schwer zu befriedigen ist, für gewöhnlich nicht mehr davon wünscht, als er besitzt.«[6]

Schlägt man die beiden Begriffe *fides* und *ratio* in einem umfangreicheren Lateinlexikon nach, merkt man schnell, dass die Begriffe auffächern: *fides* haben wir bereits erkundet (vgl. Seite 14). Das zugehörige Zeitwort *credere* kann bedeuten: »ein Darlehen geben, etwas anvertrauen, sich anvertrauen, etwas für wahr halten, meinen« u.a.m.

*ratio:* »die Rechnung, im Zusammenhang mit Geschäftsangelegenheiten auch Interesse, Vorteil, Rechenschaft, Vernunft, Vernunftschluss, Beweis, Regel, Gesetz, Art und Weise, Methode, Prinzip, Grundsatz« u.a.m.

*intellectus:* »das Empfinden, das Erkennen durch die Sinne, das Verständnis, der Verstand, die Bedeutung«.

---

6 René Descartes in seinem Essay ›Von der Methode des richtigen Vernunftgebrauchs und der wissenschaftlichen Forschung‹ (Discours de la Méthode), in der Übersetzung von Lüder Gäbe, Felix Meiner Verlag, Hamburg 1960, S 2/3. Im Original: »Le bon sens est la chose du monde la mieux partagée: car chacun pense en être si bien pour-vu, que ceux même qui sont les plus difficiles à contenter en toute autre chose, n'ont point coutume d'en désirer plus qu'ils en ont.«

Schlägt man nun im Wörterbuch in der Gegenrichtung[7] nach, landet man beim Wort ›Vernunft‹ zunächst wieder bei *ratio*, dann aber auch bei *mens, prudentia* (Klugheit), *consilium* (Einsicht). Und beim Wort ›Verstand‹ bei *mens, intelligentia, prudentia* und *consilium. Intellectus* wiederum ist die Empfindung, das Erkennen durch die Sinne, das Verständnis, der Verstand und die Bedeutung.

Thomas von Aquin verwendet die Begriffe *ratio* und *intellectus* in sich überschneidender Bedeutung in seiner ›Summe wider die Heiden‹ (*Summa contra Gentiles*). Im Vorwort zum vierten Buch (Cap. I) führt er aus: »Der menschliche Intellekt, welcher von sinnlich wahrnehmbaren Dingen auf eine ihm konnaturale Weise Wissen erlangt, vermag nicht von sich aus zur Einsicht in die göttliche Substanz zu gelangen, wie sie in sich selbst ist.«[8]

Und weiter unten: »Die natürliche Vernunft steigt im Durchgang durch die Geschöpfe zur Erkenntnis Gottes auf; umgekehrt steigt das Glaubenswissen in Gestalt göttlicher Offenbarung zu uns herab.«[9] Diesen Gedanken der Abstufung finden wir auch bei Immanuel Kant in seiner ›Kritik der reinen Vernunft‹:

> »Alle unsere Erkenntnis hebt von den Sinnen an, geht von da zum Verstande und endigt bei der Vernunft, über welche nichts Höheres bei uns angetroffen wird ...«[10],

7 Was man beim Übersetzen immer tun sollte, um zu sehen, ob man wieder an die Stelle zurückkommt, von der man hergekommen ist.

8 Übersetzung Markus H. Wörner, Wissenschaftliche Buchgesellschaft, Darmstadt ²2005, S. 2/3. Lateinischer Text: »Intellectus humanus, a rebus sensibilibus connaturaliter sibi scientiam capiens, ad intuendam divinam substantiam in seipsa, quae super omnia sensibilia, immo super omnia alia entia improportionabiliter elevatur, pertingere per seipsum non valet.«

9 ebd. S. 10/11: »Quia vero naturalis ratio per creaturas in Dei cognitionem ascendit, fidei vero cognitio a Deo in nos e converso divina revelatione descendit.«

10 Akademie Textausgabe, Band III, Berlin 1968, S. 237

woraus man aber nicht ableiten kann, dass es nichts Höheres gäbe, sondern nur »bei uns [Menschen]« sei da nichts Höheres mehr.

Dass man mit der Kombination ›Sinne – Verstand – Vernunft‹ vorsichtig umgehen muss, hat schon Wilhelm Leibniz auf den Punkt gebracht: »Nichts ist im Verstand, was nicht auch in den Sinnen ist, mit Ausnahme des Verstandes selbst.«[11]

Wilhelm von Ockham (1288-1347) deutet Denken und Erkennen in Analogie zur Sprache.[12] Dabei ist es keineswegs so klar, ob man ohne Sprache überhaupt denken kann. Sicher ist dies bei Gefühlen ›denkbar‹, z.B. wenn man Hunger hat, wird man dies sicherlich nicht für sich in wohlgesetzten Worten ausdrücken, sondern geht halt einfach an den Kühlschrank. Man kann es vielleicht auch nicht immer exakt ausformulieren. Dazu meint oben erwähnter Ockham in seiner *Summa logicae* (I,12):

> »Wann immer jemand eine gesprochene Aussage ausspricht, hat er vorher in seinem Inneren eine mentale Aussage gebildet, die zu keinem Idiom gehört; das ist so sehr wahr, dass viele oft in ihrem Innern Aussagen bilden, die sie wegen der Mangelhaftigkeit des Idioms nicht ausdrücken können.«[13]

Denken wir an Helen Adams Keller (1880-1968), die im frühen Kindesalter von 19 Monaten Augenlicht und Gehör sowie die Sprechfähigkeit verlor. Mit Hilfe ihrer Lehrerin Anne Sullivan Macy wurde die Taubblinde an die menschliche Kommunikationsfähigkeit heran-

---

11 »Nihil est in intellectu, quod non fuerit in sensu, excipe: intellectus ipse.« (Nach Reclam UB 1898, Stuttgart 1987. Übersetzt von Herbert Herring, S. 56).

12 Hinweis Ruedi Imbach, Wilhelm von Ockham – Texte zur Theorie der Erkenntnis und der Wissenschaft. Reclam UB 8239, Stuttgart/Ditzingen 2017, Seite 75

13 Ebd. S. 57

geführt, obwohl vieles in ihrem Verstand unmöglich vorher in ihren Sinnen gewesen sein konnte.

Ihre Lehrerin schrieb: »Helen (...) hat gelernt, dass jedes Ding einen Namen hat und dass das Fingeralphabet (mit dem sie sich verständigen konnte) der Schlüssel zu allem ist, was sie zu wissen verlangt.«[14] Ich frage mich, was Ockham und Leibniz dazu gesagt hätten. Mehr dazu im nächsten Kapitel!

Nun haben wir Menschen das Dilemma, über etwas mit Hilfe desselben zu reden, nämlich mit Hilfe des Verstandes über den Verstand, mit Hilfe unseres Gehirns über das Funktionieren des Gehirns, so als wollte man die Beißzange mit der Kneifzange erklären. Wir können uns nicht neben uns setzen und uns selbst beim Denken zuschauen.

Schränken wir uns gleichsam zu Arbeitszwecken ein auf die Definition: *Glauben* = ›etwas für wahr halten‹, und für *Vernunft* auf das, was Immanuel Kant in der Vorrede zur zweiten Auflage der ›Kritik der reinen Vernunft‹ so formuliert: »Ob die Bearbeitung der Erkenntnisse, die zum Vernunftgeschäfte gehören, den sicheren Gang einer Wissenschaft gehe oder nicht, das läßt sich bald aus dem Erfolg beurtheilen.«[15] Dann ist der Zuwachs an wissenschaftlicher (Er-)Kenntnis eine immer wieder geübte Iteration zwischen Vermutung und Widerlegung.[16]

Aber selbst in einem so astreinen Wissenschaftsfeld wie dem der Mathematik kommt man ohne Vermutungen – und damit Glauben – nicht aus. Einmal dort, wo es bislang nicht gelungen ist, Beweise zu finden,

---

14 Zitiert nach dem Wikipedia-Artikel über Helen Keller

15 Kritik, Akademie-Ausgabe, Bd. III, Berlin 1968, S. 7

16 Vgl. Karl R. Popper, Conjectures and Refutations – the Growth of Scientific Knowledge. London 51989, Reprint 1991 – bzw. das Credo (gilt auch für Popper!), dass Theorien nur dann anzuerkennen seien, wenn sie sich der möglichen Falsifikation stellen.

wie etwa im Bereich der Primzahlen, z.B. die Goldbach-Vermutung[17], oder wo es Beweise gibt, aber der mathematische Laie dennoch glauben muss, dass die Aussage stimme, weil er selbst dem Beweis mangels ausreichender mathematischer Ausbildung nicht folgen kann, wie z.B. bei der Unmöglichkeit der Dreiteilung des Winkels »nur mit Zirkel und Lineal«[18].

Typisch ist folgender Satz aus dem Vorwort zu den *Principia mathematica*:

> »Zugleich sind ausführliche Beweise zwar zur Vermeidung von Irrtümern nötig und um die zu überzeugen, die kein rechtes Zutrauen zu unserer Genauigkeit haben; sie können jedoch in der Regel von einem Leser, der sich nicht gerade für diesen Teil des betreffenden Gegenstandes interessiert und keinen Zweifel an unserer verlässlichen Sorgfalt in der Behandlung des Stoffes hegt, übergangen werden.«[19]

Es geht bei dem Gesamtkomplex ja darum, dass der Mensch Gegebenes nicht einfach nur hinnimmt, sondern Fragen stellt und Antworten

---

17 Der Mathematiker Christian Goldbach hatte 1742 in einem Brief an Leonard Euler die Vermutung geäußert, dass jede gerade Zahl größer als 2 mindestens einmal aber auch mehrfach als Summe zweier Primzahlen zu schreiben sei, z.B. 18 = 7+11 = 5+13. Mit größeren Zahlen wächst auch die Zahl der Möglichkeiten. Es ist also höchstwahrscheinlich, dass diese Vermutung stimmt – aber ein mathematischer Beweis ist bislang nicht gelungen.

18 Zusammenhang mit der Lösbarkeit kubischer Gleichungen. Auch das Problem selbst ist schon unsauber formuliert, denn nur mit Zirkel und Lineal kann man allenfalls in der Luft herumfummeln, aber keine einzige geometrische Konstruktion schaffen. Dazu bedarf es schon einer ebenen beschreibbaren Fläche und eines Bleistifts. Des weiteren muss die Einschränkung gemacht werden, dass man den Bleistift nicht dazu verwenden darf, auf dem Lineal Markierungen anzubringen, denn sonst wäre die Dreiteilung des Winkels sehr wohl möglich.

19 Alfred North Whitehead & Bertrand Russell, Principia Mathematica. Erster Teil (1910). Aus dem Vorwort, übersetzt von Hans Mokre, Suhrkamp, Frankfurt/M ²1990, S.3. Das ganze Werk zeugt von dem Dilemma, Wahrheitsdefinitionen zu finden. Die dabei verwendete und erklärte Formalsprache, fußend auf dem Englischen, als gäbe es keine völlig anders konstruierten Sprachen mit anderer Sprach-/ Denk-Logik, zeigt, wie dies zu einer begrifflichen Verarmung führt.

sucht. Er sucht Erklärungen bei beobachteter Regelmäßigkeit, weil er entweder dadurch einen Vorteil erlangen (z.B. bessere Ernte bei Beobachtung von Sonnenstand und Jahreszeiten) bzw. Nachteile vermeiden kann (rechtzeitiges Erkennen von Gefahren) – oder einfach, weil er neugierig ist.

»Da es nun die von uns stets a priori[20] gemachte Voraussetzung, daß Alles einen Grund habe, ist, die uns berechtigt, überall Warum zu fragen; so darf man das **Warum** die Mutter aller Wissenschaften nennen«, meint Arthur Schopenhauer in ›Über die vierfache Wurzel des Satzes vom zureichenden Grunde‹[21] [Hervorhebung durch den Autor].

Denken wir uns einen Gott als Erste Ursache, den unbewegten Beweger, weg, und glauben wir, dass wir zur Erklärung der Welt nur mit der Vernunft und den Ergebnissen unserer Wissenschaften auskommen, müssen wir so viele Annahmen machen, z.B. über die zeitliche Unveränderbarkeit der physikalischen Konstanten oder die sogenannte Selbstorganisation in der Natur oder über die schöpferische zielgerichtete Kraft des Zufalls entgegen aller Wahrscheinlichkeit und entgegen dem zweiten Satz der Thermodynamik, dass wir eine Glaubensannahme durch viele andere ersetzen müssen. Was ist der Ursprung aller Dinge? Schon der Begriff ›Ursprung‹ bringt uns sprachlich in die Bredouille, wie uns ein Spaziergang im Duden zeigen mag:

Es ist interessant, beim Nachschlagen im Großen Wörterbuch der Deutschen Sprache bei der Erklärung eines Wortes die einzelnen Wörter, die zur Erklärung herangezogen werden, ihrerseits wieder nachzuschlagen. Da kommt man leicht in eine Schleife ...

Beispiel: *Ursprung* = Beginn; Ort oder *Zeitraum*, von dem etwas *ausgegangen* ist, seinen *Anfang* genommen hat.

---

20 von vornherein, von Anfang an

21 1. Kapitel, Einleitung, § 4 und nochmals aufgegriffen in § 51.

| | | | |
|---|---|---|---|
| **Beginn** | Seinen **Anfang** haben, zu einer bestimmten Zeit, zu einem bestimm-ten Ort, auf eine bestimmte Weise anfangen | **bestimmt =** feststehend, speziell; dem Eingeweihten bekannt, aber nicht näher beschrieben; gewiß | **gewiß =** (Adj.)<br>1) nicht genau bestimmbar; nicht näher bezeichnet [aber doch dem anderen bekannt]<br>2) ohne Zweifel bestehend, eintretend |
| **Zeitraum** | Mehr oder weniger ausgedehnter, vom Wechsel der Ereignisse und Eindrücke, vom Verlauf der Geschehnisse erfüllter Teil der Zeit. | **Zeit =** Ablauf, Nacheinander, Aufeinanderfolge der Augenblicke, Stunden, Tage, Wochen, Jahre | **Ablauf =** Verlauf, Abfolge von Programmpunkten ...<br>**Abfolge =** Aufeinander-, Reihenfolge ...<br>**Aufeinander-folge =** Reihenfolge, Abfolge |
| **Ausgehen** | Von insgesamt 13 Bedeutungen die Nr. 5: zum Ausgangspunkt nehmen, etwas zugrunde legen | **ausgehen** kann u.a. auch ›aufhören zu brennen‹ bedeuten | →<br>da kann einem schon das Licht (des Verstandes) ausgehen! |
| **Anfang** | Entstehen, **Ursprung,** (An)Beginn → | →<br>*Da beißt sich der definitorische Hund in den Schwanz* | |

Der **Anfang** auf Veranlassung des Schöpfergottes *(Elohim)*, bzw. der allgemeine Name für einen Gott tritt gleich zu Beginn der *Genesis* (1,1) auf:

**1** בְּרֵאשִׁית בָּרָא אֱלֹהִים אֵת הַשָּׁמַיִם וְאֵת הָאָרֶץ׃

*ha-'arets ← et ← we ← schamajim-ha ← et ← **Elohim** ← bara ← re'schit ← b$^{e}$*

Im Anfang schuf **(der Schöpfer-)Gott** *die* Himmel und die Erde. Die Einheitsübersetzung lautet: »Im Anfang schuf Gott Himmel und Erde.«

*Die* Himmel ist aus heutiger astronomischer Sicht gar nicht so verkehrt. Zu der Zeit, als das 1. Buch Mose, die *Genesis*, abgefasst wurde, ging man von Himmelssphären aus, die die im Zentrum stehende Erde umschlossen. Die Erde ist allerdings später entstanden. »Im Anfang« zeigt, dass es da einmal eine Nullposition im Zeitablauf gegeben haben muss. Von einem solchen ›Urknall‹ geht man nach dem heutigen Stand der Wissenschaft auch aus.

Ob die Zeit als physikalisch messbare Größe auch ›von Anfang an‹ so war, sei dahingestellt. Wir messen ja das Zeitnormal heute nach der Atomuhr, und das darin verwendete Caesium-Atom gab es am Anfang noch nicht. Seit Einstein wissen wir, die Zeit ist für einen Gegenstand abhängig von der Geschwindigkeit, mit der er sich im Vergleich zu einem anderen Gegenstand bewegt. Wenn die Astrophysiker von heute also vom Urknall bis zur Bildung der ersten Atome auch schon eine Zeitspanne angeben, muss man fragen, nach welchem Taktgeber sie das gemessen haben wollen – da steckt meines Erachtens viel Spekulation dahinter.

Je tiefer die naturwissenschaftliche Forschung mit immer aufwändigeren Gerätschaften nachbohrt, desto unlösbarer werden die Fragen.

Der Gründer des Baryon-Antibaryon-Symmetrie-Experiments BASE am CERN in Genf, der Physiker Stefan Ulmer, hat nach dem Vergleich der Massen von Protonen und Antiprotonen auf elf Stellen nach dem Komma erklärt: »Wir haben keinen Unterschied zwischen Protonen und Antiprotonen gefunden, der die Existenz von Materie im Universum erklären könnte.«

Materie und Antimaterie müssten sich eigentlich gegenseitig auslöschen. »Das müsste auch beim Urknall passiert sein – ist es aber nicht, denn wir existieren ja. – Die Frage ›warum existieren wir?‹ kann die moderne Physik noch nicht beantworten.« (dpa – Passauer Neue Presse, 6.1.2022, S.18).

Nehmen wir die Begriffe ›bestimmt‹ und ›gewiss‹ in ihrer ambivalenten Bedeutung, fällt uns unwillkürlich der bayerische Satz ein: »Nix g'wiß woaß ma net.« (Nichts Gewisses weiß man nicht.). Diese Aussage trifft auf die ganze Religion des Atheismus zu, bei der es ja auch um die Frage nach dem gottlosen Ursprung geht. Das Flaggschiff des ›Neuen Atheismus‹, der Evolutionsbiologe Clinton Richard Dawkins (* 1941), hat 2006 ein – wie er meint – sehr schönes Buch verfasst: ›The God Delusion‹, ein Verkaufsschlager, in Deutschland 2007 unter dem Titel ›Der Gotteswahn‹ erschienen.

Dawkins will beweisen, dass der Glaube an einen Gott irrational sei und darüber hinaus gesellschaftlich schädigend. Er hebt – u. a. nach dem islamistischen Attentat auf die Twin Towers in New York 2001 – darauf ab, dass insbesondere von den monotheistischen Religionen Mord und Totschlag ausgingen. Man brauche keinen Gott, um gut zu sein. Man könne stolz darauf sein, ein Atheist zu sein, da dies eine »gesunde Unabhängigkeit des Verstandes« anzeige.[22]

---

22 Nachzulesen in den Wikipedia-Artikeln zum Stichwort ›Richard Dawkins‹ und ›Der Gotteswahn‹, Download 14.08.2018

Im Vorwort zu diesem Buch[23] klingt Antijudaismus an: »… Jews, however, who are notoriously one of the most effective political lobbies in the United States …« (Juden jedoch, die offenkundig eine der effektivsten politischen Lobbies in den Vereinigten Staaten sind …). Und das Geleitwort endet in missionarischem Tonfall: »If this book works as I intend, religious readers who open it will be atheists when they put it down.« (Wenn dieses Buch so wirkt, wie ich es beabsichtige, werden seine Leser zu Atheisten geworden sein, wenn sie es aus der Hand legen.)

Im 4. Kapitel ›Why There Almost Certainly Is No God‹ (›Warum es mit ziemlicher Sicherheit keinen Gott gibt‹) lässt sich Dawkins mit dem Einschub des Adverbs ›ziemlicher‹ ein argumentatives Hintertürchen offen, operiert aber mit der Selektionshypothese nach Darwin, ohne die dort zutage tretende Unwahrscheinlichkeit ins Kalkül zu ziehen (vgl. dazu Kapitel 5, Die belebte Natur !).

Dawkins steht offensichtlich mit der Mathematik im Allgemeinen und der Wahrscheinlichkeitsrechnung im Besonderen auf Kriegsfuß. »Die Existenz eines Gottes sei mindestens so unwahrscheinlich wie die Existenz einer unerschaffenen, rein zufällig entstandenen Boeing 747.«[24] Eine Stubenfliege kann viel mehr in Bezug auf ihre Flugeigenschaften, Nahrungsaufnahme (= Auftanken) und Replikationsfähigkeit (Eier legen) als eine Boeing 747. Von der aber nimmt Dawkins an, dass sie als Gegenbeispiel durch Zufall entstanden sei.

Für ein glückliches Leben sei ein Gottesglaube nicht erforderlich. Das hat ein ›Geschmäckle‹ nach Epikuräertum – obwohl Epikur keineswegs dem bloßen Genussmenschen das Wort redete, wie man dies gemeinhin unterstellt. Das mag ja auch für begrenzte Abschnitte des menschlichen Lebens zutreffen, etwa für ›Lebensabschnittsgefährt(inn)en‹ in

23 Kann man als PDF-Datei im Internet einsehen, Bantam Press, London et. al.
24 Zitiert nach der Inhaltsangabe zum Kapitel 4 im Wikipedia-Artikel ›Der Gotteswahn‹.

der heute üblichen ›sequentiellen Monogamie‹ oder für einen lustigen Bierabend auf dem Oktoberfest. Die Frage aber, welchen Sinn dann das Leben von der Geburt bis zum Tod haben soll, wird dadurch nicht beantwortet.

Kommunisten sehen den Sinn des Einzellebens darin, sich in eine alles beglückende Gleichheitsgesellschaft einzubringen. Wozu allerdings dann die so beglückte Menschheit da sein soll, wenn dereinst die Sonne sich zur Supernova aufbläht und spätestens dann wohl das Ende der Menschheit gekommen sein dürfte, darauf gibt der Kommunismus keine Antwort. Entgegen der recht einseitigen Behauptung von Dawkins, dass Mord und Totschlag durch die monotheistischen Religionen in die Welt gekommen seien, sollte man die ›Lebensleistung‹ der Atheisten und Nationalsozialisten Hitler (der allenfalls von der »Vorsehung« faselte), Stalin und Mao betrachten, allesamt also Sozialisten, die den millionenfachen Genozid zu verantworten hatten (Sozialismus mit menschlichem Antlitz). Dawkins' Argument, dass der Atheismus ein gesellschaftspolitischer Gewinn sei, erschließt sich so jedenfalls nicht.

Dawkins projiziert seine Hypothesen über das ›Verhalten‹ von Genen auch auf soziokulturelle Kommunikations- und Bewusstseinsinhalte, die er mit dem Kunstwort ›Mem‹ bezeichnet. Diese ›Meme‹ würden sich ähnlich verhalten, vermehren und ggf. virenartig verbreiten: »Meme als Replikanten der kulturellen Evolution.«[25] Den Beweis bleibt er schuldig, falsifizierbar ist diese Hypothese ohnehin nicht – oder doch? Man lese bei Arthur Schopenhauer dessen Ansicht über die Musik, über die er z.B. schreibt:

> »... weil die Musik, weit entfernt eine bloße Nachhülfe der Poesie zu seyn, eine selbstständige Kunst, ja die mächtigste unter allen ist, und daher

25 Vergleiche Wikipedia, Stichwort ›Mem‹

die Zwecke ganz aus eigenen Mitteln erreicht; so gewiß bedarf sie nicht der Worte des Gesanges, oder der Handlung einer Oper. Die Musik als solche kennt allein die Töne, nicht aber die Ursachen, welche sie hervorbringen.«[26]

Mit ›Memen‹ kann man Musik nicht erklären, abgesehen von gelegentlichen tonalen Plagiaten. Dennoch, über die Virulenz etwa der Nachrichtenverbreitung (*Fake News* inbegriffen) über das den Erdball umspannende Internet könnte man schon ins Grübeln kommen. Wenn man den ganzen Erdball als Lebewesen auffasst, Bakterienkulturen, Ameisenhaufen und Menschenansammlungen als funktionellen Teil dieses Lebewesens Erde, so wie unsere Darmflora, würde Dawkins' Hypothese vielleicht greifen. Die Frage nach dem Sinn des einzelnen Menschenlebens bliebe freilich unbeantwortet. Der Neo-Atheismus wäre ein Absturz ins Nichts. (Vgl. dazu auch das Schopenhauer-Zitat auf Seite 77).

Es ist erstaunlich, was die biologische Forschung seit Gregor Johann Mendel (1822-1884) und seinen Kreuzungsversuchen (um 1856) erreicht hat, die allerdings erst um 1900 wieder in den Fokus der Forschung gelangten. Mendel war Augustiner – sicherlich also kein Atheist. Ein kleiner Treppenwitz der Geschichte. Der fehlinterpretierte darwinistische Zufall – Darwin wusste noch nichts von Chromosomen, Ge-nen, DNA – spielt dabei eine untergeordnete Rolle.

Wir tragen immer noch Gene in uns, die Bakterien schon seit Milliarden von Jahren hatten und immer noch haben, aber mittlerweile um zwei Zehnerpotenzen mehr, und die Länge von DNA-Ketten ist um

26 Arthur Schopenhauer, Die Welt als Wille und Vorstellung. 2. Band, Ergänzungen zum 3. Buch § 52, hier Kapitel 39. Aber auch in ›Parerga und Paralipomena‹ II, Kapitel XIX ›Zur Metaphysik des Schönen und Aesthetik‹, § 218: »Die Musik ist die wahre allgemeine Sprache … jedoch redet sie nicht von Dingen, sondern von lauter Wohl und Wehe, also welche die alleinigen Realitäten für den Willen sind: darum spricht sie so sehr zum Herzen …«

den tausendfachen Faktor gestiegen. Das menschliche Genom, also die Gesamtlänge der DNA, umfasst etwa 3,2 Milliarden Basenpaare mit bisher gefundenen 23.700 Genen. Die Zahl der Gene allein kann auch nicht der Maßstab etwa für Intelligenz sein. Der gemeine Wasserfloh hat 30.907 Gene, und beim Weizen hat man neuerdings 100.000 Gene identifiziert.[27]

Dass dies einem zufallsbedingten Überlebensprinzip der Tüchtigsten ausschließlich geschuldet sein soll, entgegen aller Wahrscheinlichkeit, ist nicht logisch nachvollziehbar, denn für das ›Lebewesen Erde‹ – auf dem es immer noch Bakterien gibt – wären die Menschen genauso unnötig wie die Dinosaurier. Und wenn die Menschen weiterhin Raubbau und Umweltverschmutzung betreiben, dürfte sich das auch von alleine erledigen.

Wie auch in der unbelebten Natur, der Physik und der Chemie, können wir immer mehr verstehen, wie das Meiste funktioniert. Warum aber und wozu, das bleibt oft ein Rätsel. Johann Philipp Neumann (1774-1849), der Textdichter von Franz Schuberts ›Deutscher Messe‹ (komponiert 1827), zudem Physiker, Bibliothekar und Dichter, hat für das Gloria-Lied[28] den schönen Satz formuliert:

»Staunen nur kann ich und staunend mich freun.«

Recht hat er!

27 Nach dem Wikipedia-Artikel, Stichwort ›Gen‹, und bzgl. des Weizens Nachrichtenlage vom 16.08.2018

28 »Ehre, Ehre sei Gott in der Höhe …«, Gotteslob # 413

Im ältesten überlieferten althochdeutschen Text – im ›Wessobrunner Gebet‹ um 800 n.Chr. – liest sich das ähnlich:

> »Das erfuhr ich bei den Menschen, als das erstaunlichste Wissen: dass die Erde nicht war / noch das Firmament, weder Baum / noch Berg, kein Stern / und auch die Sonne nicht schien, noch der Mond leuchtete / und auch das herrliche Meer nicht war. Als da nichts existierte / an Enden und Wenden, da war der eine allmächtige Gott ...«

[Ausführlicher dazu auf den Seiten 120ff.!]

# 3. Denken – Sprechen – Lesen

Erkenntnis ist immer ein Zwischenergebnis bei der Suche nach Wahrheit. Und da stolpern wir schon über den Begriff, denn ›Wahrheit‹ wird oft gesagt, wenn ›Wirklichkeit‹ gemeint ist.

»Es ist etwas wahr«, ist eine Aussage über einen Sachverhalt. Wenn man also sagt: »Ein Quadrat ist ein Rechteck mit vier gleichlangen Seiten«, ist das wahr, wenn man an ein gezeichnetes Quadrat denkt. Aber die Zahl 9 als Quadrat von 3 ist kein Rechteck mit gleichlangen Seiten. Auch ein Rechteck von vier Straßen als Areal heißt ›Quadrat‹, der 90°-Winkelabstand zwischen Planeten wird in der Astronomie als ›Quadrat‹ bezeichnet, und als noch mit gegossenen Bleilettern gedruckt wurde, nannte man ein längeres Stück Blei, das Zwischenräume erzeugen sollte, ebenfalls ›Quadrat‹.[29]

Bei unserer Betrachtung sollte der Meister der sprachlichen Formulierung, Wilhelm Busch, nicht fehlen: Er gibt in seiner Versesammlung ›Schein und Sein‹ dem Wahrheitssuchenden das Rezept mit:

Zwei mal zwei gleich vier ist Wahrheit.
Schade, dass sie leicht und leer ist,
Denn ich wollte lieber Klarheit
Über das, was voll und schwer ist.

Emsig sucht' ich aufzufinden,
Was im tiefsten Grunde wurzelt,
Lief umher nach allen Winden
Und bin oft dabei gepurzelt.

29 Alles nachzulesen im Duden, dem großen Wörterbuch der deutschen Sprache.

Endlich baut' ich eine Hütte.
Still nun zwischen ihren Wänden
Sitz' ich in der Welten Mitte,
Unbekümmert um die Enden.

Karl R. Popper hat die erste Strophe in seinem Buch ›Conjectures and Refutations‹ (London, 5/1989, S. 229 f.) übersetzt:

Twice two equals four: 'tis true,
But too empty, and too trite.
What I look for is a clue
to some matters not so light.

und kommentiert dies mit: »Mere truth is not enough; what we look for are answers to our problems.«

Wie sieht es denn nun aus mit der Aussage: »So wahr, wie Zwei und Zwei gleich Vier ergibt?«

Als einfache ›Wahrheit‹ wird die Aussage empfunden, die man schon in der Grundschule lernt, dass 2 + 2 = 4 sei. Mit dem nachfolgenden Bild möchte ich zeigen, dass es da auch seine Schwierigkeiten hat, denn es kommt auf die Formulierung an: »2 + 2«, »2 und 2«, »2 und 2 ergibt«, »aus 2 und 2 macht man …« oder »fügt man zu zweien zwei hinzu, ergibt das …«

Man muss schon sagen, *was* man da zusammenfügt – und wie man das tut. Im Japanischen zum Beispiel werden Dinge nicht einfach nur gezählt, sondern je nach Gegenstand werden passende Zählsuffixe angehängt: z.B. *-hiki* für vierfüßige Tiere, *san-**biki** saru* bedeutet die ›drei Affen‹; *-hon* steht für längliche Gegenstände, *ni**hon** bîru* bedeutet zwei Flaschen Bier.

Aus zwei Quadraten kann man auch fünf machen, wobei eines dann allerdings die doppelte Seitenlänge der anderen vier hat. Man muss also

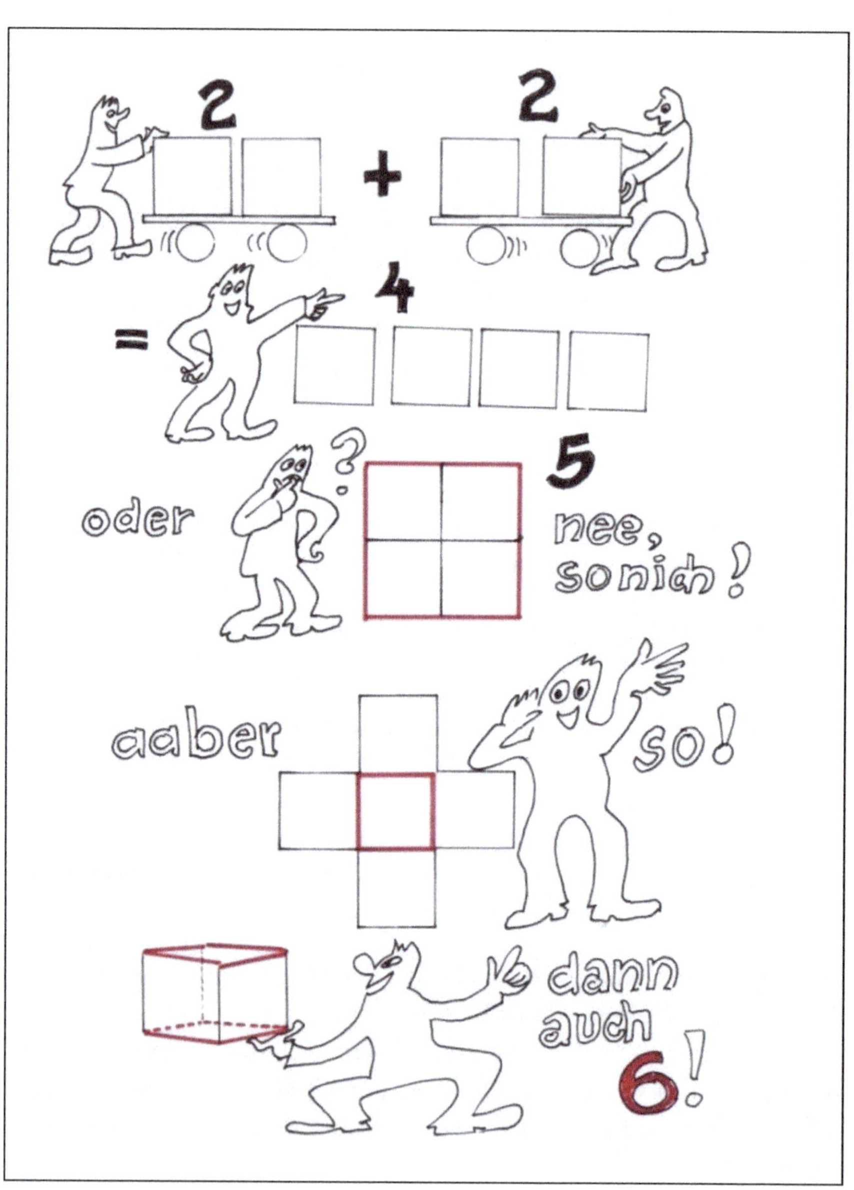
2
+
2
=
4
oder
5
nee, sonich!
aaber
so!
dann auch
6!

schon festhalten, dass die Summe aus zwei Quadraten wieder gleichgroße Quadrate sein sollen. Aber jetzt kommt es auf die Anordnung an. Außerdem teilen sich die so zusammengefügten Quadrate jeweils eine bzw. zwei Seiten.

Eine einwandfreie Formulierung müsste also lauten: „»Zwei nicht identische, aber ansonsten in allen Eigenschaften gleiche Entitäten (›Dinge‹ wäre zu materiell gedacht) addiert zu zwei weiteren solchen, deren Eigenschaften durch diesen Vorgang nicht verändert werden, ergeben eine Gesamtzahl von vier solchen Entitäten.« Ich bin nicht sicher, dass diese Formulierung vor einem Gericht als juristisch einwandfrei durchgelassen würde, aber zum Schäfchenzählen vor dem Einschlafen reicht es. Wir geraten mit diesem Denkvorgang in das Dickicht der Sprache.

> »Sprache ist dehnbar, verformbar, sie hängt vom Kontext und von der Interpretation ab. Aber Mathematik kümmert sich nicht um Kultur oder Geschichte. Wenn tausend Leute ein Buch lesen, lesen sie tausend verschiedene Bücher. Aber wenn tausend Leute eine (mathematische) Gleichung lesen, lesen sie dieselbe Gleichung«,

meint Sabine Hossenfelder.[30]

Von der Mathematik ist es nicht weit zur Logik, deren Hauptinstrument ja die Mathematik sein soll. »Die Logik ist das armseligste, was der Mensch hat«, sagt der Tod zu dem Knaben in John Osbornes ›Der Tod im Apfelbaum‹.

Und da streiten sich die schlauen Geister seit Plato seit Jahrhunderten und schlagen sich Universalismus, Realismus, Nominalismus, Konzeptualismus, Idealismus und Empirismus um die Ohren …

---

30 Sabine Hossenfelder, Lost in Math. How Beauty leads Physics astray. New York 2018, Seite 9 – Übersetzung Lederer; der Buchtitel bedeutet etwa: ›Verlorengegangen in Mathe. Wie Schönheit die Physik in die Irre führt‹.

## Kann man ohne Sprache überhaupt denken?

Wird der Gedanke nicht nur in Bildern, sondern auch zumeist in der Muttersprache formuliert?

Ist das gesprochene Wort immer identisch mit dem geschriebenen Zeichen? Ist nicht die Schrift ihrerseits ein Denkvorgang? Nehmen wir die chinesische Schrift: Sie setzt sich zusammen aus Piktogrammen, wie z.B. 水 *shuĭ* = Wasser, 人 *rén* = Mensch, 母 *mŭ* = Mutter[31]; aus Ideogrammen, wie z.B. 上 *shàng* = oben, 下 *xìa* = unten (wenn man die beiden Zeichen vergleicht, ist das ersichtlich). Und aus zusammengesetzten Ideogrammen, wie 海 *hăi* = Meer, das sich aufbaut aus dem bereits zusammengesetzten Begriff ›jeder Mensch hat eine Mutter‹ 每 *mĕi* = jeder; und dann wird linksbündig das Zeichen für Wasser angefügt, und wir haben den Begriff ›jegliches Wasser‹ = »Meer«. Und wenn eine Stadt oberhalb des Meeres liegt, heißt sie eben 上海 *Shanghai.*

Ich könnte mir vorstellen, wenn alle Philosophen seit Plato, die sich um die Begrifflichkeiten gestritten haben, die chinesischen Schriftzeichen vor Augen gehabt hätten, hätte es vielleicht sogar den Universalienstreit nicht gegeben. Der Vollständigkeit halber sollte ich noch erwähnen, dass das Gros der chinesischen Schriftzeichen ›Logogramme‹ sind, die einen bedeutungstragenden und einen lauttragenden Teil enthalten. Es dauerte ja auch lange, bis man herausbekam, dass die Hieroglyphen keine Bilderschrift, sondern eine lautmalende Schrift sind. Dies gelang Jean François Champollion im Jahr 1822 u.a. durch Analyse des dreisprachigen Steins von Rosette. Die Geschichte liest sich fast wie ein spannender Kriminalroman![32]

In der ›Encyclopaedia Britannica‹ steht: »Universale (Worte) sind

31 Ursprünglich Abbildungen von Wellen, Strichmännchen und Mutterbrust.

32 Vgl. Ernst Doblhofer, Die Entzifferung alter Schriften und Sprachen. Reclam UB 8854, Stuttgart 1993

solche, die auf mehr als ein partikuläres Ding angewendet werden können – ›Ding‹ im weitest möglichen Sinn. … Dann: Gibt es Universalien überhaupt? Diese Frage wurde seit der Zeit Platons diskutiert.«[33] und: »Nominalisten leugnen die Existenz von Universalien mit dem Argument, dass die Existenz eines allgemeinen Wortes nicht besagt, dass es ein solches allgemeines Ding gäbe, das mit diesem Wort genannt würde.«[34] Und der Empirismus ist eine Geisteshaltung, die den Anteil hervorhebt, der beim Wissen eine Rolle spielt, gegenüber dem Teil, der durch Nachdenken beiträgt.[35]

Da steht man nun mit der Interpretation der Stelle aus der Genesis, dem 1. Buch Mose, 2,19-20: Nachdem das Getier geschaffen war und Gott im Garten Eden alle diese Tiere zuführte, dass er sie sähe und benenne. Und wie er jedes Tier benenne, so sollte es heißen. Und der Mensch = *adam* אָדָם gab ihnen allen einen Namen.

Im hebräischen Original der Genesis wird der Begriff *adam* = Mensch durchgängig benutzt, in der Vulgata wird da gewechselt: »…Et creavit Deus hominem ad imaginem suam« (1 Mose 1, 27), um dann bei 2, 19-20 ›Adam‹ zu schreiben. So hat sich der Wechsel vom Gattungsbegriff ›Mensch‹ zum Personennamen ›Adam‹ in unsere Denkweise eingeschlichen. Dies wurde dann durch den Koran übernommen, أدم = *adam(u)* das arabische Wort für ›Mensch‹ – aber ganz im Sinne der Person Adam.

Es ist kaum vorstellbar, dass diese Schilderung im Alten Testament meint, dass ›Adam‹ jedes einzelne Tier, das ihm da über den Weg lief, einzeln benannte. Es ist also der von Gott geschaffene ›Mensch‹, der die jeweiligen Tiere als Gattung benannte.

Es ist schon ein Jammer mit den Universalbegriffen!

33 Ausgabe 1967. Übersetzung von mir.
34 Ebd., Artikel über den Nominalismus
35 Ebd., aus dem Artikel über Empirismus

# 4. Die unbelebte Natur

Prof. Dr. Bruno Vollmert schreibt in der Einleitung zu seiner Schrift ›Die Entstehung der Lebewesen in naturwissenschaftlicher Sicht‹[36], auf die im folgenden Kapitel 5 eingegangen wird:

> »Seit alters her suchen denkende Menschen nach einfachen Prinzipien, die es gestatten, möglichst große Bereiche des Seins zu entschlüsseln. Und seit alters her sehen wir in diesem Bestreben oft eine ungeduldige Eile am Werke, die Zeit und Mühe scheute, zunächst einmal durch sorgfältige Beobachtungen im Kleinen und Einzelnen (...) das Wissen zu vervollständigen, bevor dieses durch allgemeine Theorien miteinander in Beziehung gesetzt wurde.«

Dies gilt auch für die unbelebte Natur. Wilhelm von Ockham hat in seiner ›Summe der Logik‹ (I, 12 (5)[37] über den Erkenntnisakt den Satz geprägt: »... überflüssigerweise wird etwas durch mehrere gemacht, was durch wenigere gemacht werden kann« (*...quia frustra fit per plura quod potest fieri per pauciora*). Und »Vielheit soll nicht ohne Notwendigkeit eingesetzt werden« (*Pluralitas non est ponenda sine necessitate*).[38]

Dieser Gedanke ist erst seit dem 17. Jahrhundert als ›Ockhams Rasiermesser‹ bekannt geworden. In der Tat finden wir seit dem Altertum das Bestreben vor, die Welt so einfach wie möglich zu erklären. Aristoteles geht von vier Elementen aus: Erde, Wasser, Feuer und Luft, und

---

36 Band 5, Schriftenreihe der Gustav-Siewerth-Akademie. Weilheim-Bierbronnen 1995

37 Reclam UB 8239, a.a.O. Seite 58, 59

38 Dieses letzte Zitat ist entnommen aus einer Anmerkung zum Wikipedia-Artikel über Ockham, Abschnitt ›Das Parsimonitätsprinzip‹ (= Sparsamkeitsprinzip). Übersetzung von mir.

postuliert, dass es nur zwei Bewegungsarten gäbe, entweder geradeaus oder kreisförmig oder als Kombination von beiden. Dies steht in seiner Schrift *Peri uranu* (Über den Himmel), Buch I, Abs. 1 und 2.[39] In Kindlers Literaturlexikon[40] schreibt Dr. Dietrich Mannsperger dazu als Resümee:

> »Diese Kerngedanken sind begleitet von einer Fülle teils richtiger, teils irriger Einzelbeobachtungen und Überlegungen zu astronomischen und physikalischen Problemen. Alles in allem brachte es Aristoteles fertig ›mit einer Theorie, in der fast alle Ergebnisse falsch sind, die Tatsachen der alltäglichen Erfahrungen so intelligent zu erklären, daß seine Konzeption eine gewaltige, überzeugende Kraft erhielt‹ (Ingmar Düring).«

Das ist der Kern des Problems jeglicher Naturwissenschaft. Man beobachtet etwas, sucht sich das Beobachtete zu erklären – aber bitteschön möglichst einfach und schlüssig.

Bis ins 16. Jahrhundert hinein konnte man den Nachthimmel nur mit bloßem Auge betrachten, ungehindert von der Kontaminierung durch nächtliche Beleuchtung heutzutage war dies sogar durchaus gut möglich. Es gab auch schon Ansätze, sich ein Heliozentrisches System zu denken (z.B. Aristarchos von Samos, geboren etwa um 320 v. Chr.), aber das Geozentrische Weltbild wurde bis an die Wende zum 17. Jahrhundert beibehalten.

Die beobachteten Bewegungen, z.B. die scheinbar rückläufigen Bewegungen des Mars vor der Sphäre der Fixsterne, wurden getreu der Aristotelischen Annahme durch bis zu 80 Epizyklen ›erklärt‹. Mit den Namen Nikolaus Kopernikus, Johannes Kepler, Galileo Galilei und Isaac Newton setzt der Paradigmenwechsel ein. In diese Zeit fällt aber auch

39 Entnommen aus ›On the Heavens, Aristotle‹. Transl. by J. L. Stocks, e-Books Adelaide, Australien, Public Domain

40 Lizenzausgabe m. frdl. Genehmigung der Kindler Verlag AG, Zürich 1982

die Erfindung des dioptrischen Fernrohrs (um 1600 in Holland) und des katoptrischen Fernrohrs (Spiegelteleskop, ggf. schon um 1570). Auch das Mikroskop wurde um 1590 in Holland erfunden. Linsen gab es schon seit dem Altertum und Brillen seit dem 13. Jahrhundert.

Denken wir an das Postulat von Leibniz, dass nichts im Verstande sei, was nicht vorher in den Sinnen gewesen sei, kann man sagen: Mit diesen beiden Instrumenten, Fernrohr und Mikroskop, wurden unsere Sinne in die Makrowelt und in die Mikrowelt hinein erweitert. Neue Entdeckungen folgten bald Schlag auf Schlag. Man konnte vieles erklären, was vorher nicht zu erklären war. Aber mit jeder neuen Entdeckung taten sich auch neue Fragen auf.

In der Mikrowelt traten unter Verwendung eines aus der Antike stammenden Begriffes für die ›unteilbaren Teilchen‹ Atome auf (Demokrit). Dmitri I. Mendelejev (er)fand das Periodensystem der Elemente, 92 natürliche an der Zahl. Gold, Blei, Kohlenstoff z.B. waren schon seit vorchristlicher Zeit bekannt, wenn man sie auch nicht als ›Element‹ ansah.

Zink wurde vor 1400 entdeckt, Phosphor 1669, die anderen natürlichen Elemente dann im 18. und 19. Jahrhundert. Die instabilen Transurane erst im 20. Jahrhundert. Zu Beginn des 20. Jahrhunderts wurde es evident, dass es mit der Unteilbarkeit der Atome nicht so weit her war. Mittlerweile ist der ›Elementarzoo‹ von etwa 25 Elementarteilchen bevölkert: sechs Leptonen aus der Gruppe der Fermionen, sechs Quarks aus der Gruppe der Fermionen, zwei Bosonen, das Photon, acht Gluonen und das Higgs-Teilchen.

Mit dem LHC = Large Hadron Collider – der ›größten Maschine der Welt‹ – versucht man Elementarteilchen mit hoher Energie aufeinander zu jagen, um aus den Trümmern Erkenntnisse über ihren Zusammenbau zu erlangen. Irgendwie mutet mich das an, wie wenn der kleine Fritz mit dem Hammer auf eine Taschenuhr schlägt, um herauszufinden, wie diese denn funktioniere.

Damit kommt man vom Bereich der Mikrophysik in den der Makrophysik. Das Instrumentarium wurde seit dem Fernrohr immer mehr erweitert. Der Blick in den Kosmos eröffnet ständig neue Fragen. Die für uns sichtbare und erklärbare Materie alleine kann es nicht sein …

> »… dass ich erkenne, was die Welt
> Im Innersten zusammenhält«,

meint Goethes Faust,

> »… und wie wir's dann zuletzt so herrlich weit gebracht«

sein Famulus Wagner,

worauf Faust antwortet:

> »O ja, bis an die Sterne weit!«

Als Wagner sich verabschiedet, räsoniert Faust:

> »Wie nur dem Kopf nicht alle Hoffnung schwindet,
> Der immerfort am schalen Zeuge klebt,
> Mit gier'ger Hand nach Schätzen gräbt
> Und froh ist, wenn er Regenwürmer findet.«

Arthur Schopenhauer lästert:

> »Keine Wissenschaft imponiert der Menge so sehr, wie die Astronomie. Demgemäß thun denn auch die Astronomen, die großentheils bloße Rechenköpfe und, wie es bei solchen die Regel ist, übrigens von untergeordneten Fähigkeiten sind, oft sehr vornehm mit ihrer ›allerbesten Wissenschaft‹ (…) Die fast abgöttische Verehrung, welche, zumal in England, Neuton [sic!] genießt, übersteigt allen Glauben.«[41]

41 Parerga und Paralipomena, II, Kap. VI Zur Philosophie und Wissenschaft der Natur, §80

Was hätte er da erst zu dem Aufwand unserer Raumfahrt gesagt! Na, ja, Regenwürmer sind es nicht, was uns die moderne Wissenschaft da vorsetzt, aber spekulativ ist da vieles. Und die Regenwürmer, die man mit dem LHC findet oder zu finden hofft, sind extrem teuer.

Weil die Expansion des Weltalls nicht so verläuft, wie man es mit der sichtbaren Materie und deren Bewegung nach dem Urknall erklären könnte, wird die ›dunkle Materie‹ und die ›dunkle Energie‹ postuliert. 4,6 Prozent normale Materie, 23 Prozent ›dunkle Materie‹ und 72 Prozent ›dunkle Energie‹ steht da in einer Abbildung im Wikipedia-Artikel zum Stichwort Dunkle Energie. Als das Universum 380.000 Jahre alt war – nach dem Urknall, also vor 13,7 Milliarden Jahren – gab es demnach noch 12 Prozent normale Materie, 15 Prozent Photonen, 10 Prozent Neutrinos und 63 Prozent dunkle Materie. Abgesehen von den 0,4 Prozent, die mir heute in der obigen Rechnung zu 100 Prozent fehlen, scheint es mir, dass wir über die Argumentationsweise des Aristoteles nicht hinausgekommen sind.

Das Experiment ist die Frage an die Natur. Es gab auch im Altertum schon experimentelle Ansätze mit dem ›Heureka-Effekt‹ (Goldkronennachweis des Archimedes), die chemischen Experimente entstanden aus der Alchemie. Dass z.B. das Wasser kein Element sei, wurde erst im letzten Drittel des 18. Jahrhunderts nachgewiesen, wenn auch schon Paracelsus ein Jahrhundert vorher auf die »entzündbare Luft« stieß, die dann von Antoine L. Lavoisier den Namen ›Hydrogen‹ (Erzeuger von Wasser) erhielt.

C. W. Scheele separierte erstmalig den Sauerstoff, den er »empyrische (himmlische) Luft« nannte, 1774 entdeckte Joseph Priestley den Stoff erneut und nannte ihn »dephlogistierte Luft«, bis endlich Lavoisier ihn als chemisches Element erkannte, er nannte es erst ›Oxygine‹, später dann ›Oxygene‹ – nach dem Griechischen: ›Erzeuger von Säuren‹. Eigentlich hatte erst jetzt das Wasser als Element ausgedient.

Das Experiment mit gezielter Fragestellung, bewusster Variierung von Parametern, und vor alledem Wiederholbarkeit, um eine Entdeckung zu verifizieren oder eine vermeintliche Entdeckung zu falsifizieren (Popper), hatte also im 18. Jahrhundert endgültig in der Wissenschaft Einzug erhalten.

Es werden griffige Formeln gesucht – Weltformeln –, damit man mit der mathematischen Beschreibung wieder klarkommt. Sabine Hossenfelder hat mit dem reißerisch wirkenden Titel ihres Buches ›How Beauty Leads Physics Astray – Lost in Math‹ wohl recht. Wir müssen da schon sehr viel glauben.

Ist die Mathematik nun Werkzeug oder in der Natur verankert? Zur Beschreibung bzw. zur Berechnung und damit Vorhersage von physikalischen Vorgängen wurde sie wohl erst durch die Differentialrechnung, unabhängig voneinander gegen Ende des 17. und Anfang des 18. Jahrhunderts eingeführt (erfunden?) durch Isaac Newton, der das ›flexions‹ nannte, und durch Gottfried Wilhelm Leibniz, dem auch die Notifizierung mit den Zeichen ***dx*** und dem Integralzeichen ∫ zu verdanken ist. Ausgearbeitet und als nicht mehr wegzudenkendes Werkzeug wurde dies dann durch die Familie der Bernoulli und Leonard Euler – alles Schweizer.

Die Berechenbarkeit mit möglichst einfachen Formeln kann verführerisch sein. Gerardus ‘t Hooft hat es so formuliert:

> »Schönheit ist ein gefährliches Konzept, weil sie immer die Leute in die Irre führen kann. Wenn du eine Theorie hast, die sich als schöner als zunächst erwartet erweist, ist das ein Hinweis, dass du korrekt handelst, dass du richtigliegst. Aber das ist noch keine Garantie alles in allem. In deinen Augen mag die Theorie schön sein, aber sie mag gerade auch falsch sein. Da kannst du nichts machen.«[42]

---

42 Mitgeteilt in Hossenfelder, Lost in Math, a.a.O., Seite 17 – Übersetzt von mir.

Der aus einer langen Ahnenreihe von Wissenschaftlern stammende Mathematiker und Physiker erhielt 1999 den Nobelpreis[43] für seine Arbeiten an der Quantenfeldtheorie.

Während meines Physikstudiums an der Technischen Hochschule in Hannover sagte einmal Professor Werner, Lehrstuhl für Theoretische Physik, während einer Vorlesung, als einer der Studenten besserwisserisch eine mathematische Ableitung des Professors monierte: »Es ist noch keine bedeutende physikalische Entdeckung durch mathematische Korrektheit gemacht worden.« Das war um 1970, da war Sabine Hossenfelder noch gar nicht geboren.

Die Teilchenphysik gleitet immer mehr ins Spekulative ab. Es wäre so schön, wenn man zu jedem Elementarteilchen die symmetrische Entsprechung finden könnte (bei Proton und Antiproton gelingt das ja auf 11 Stellen hinter dem Komma, vgl. Seite 24). Das Stichwort heißt ›Super-Symmetrie‹ mit der schönen Abkürzung SUSY, dann gibt es das MSSM, das Minimale Supersymmetrische Standardmodell, mit der Abkürzung SUGRA, die Supergravitation und was man da noch alles (er)finden kann.

Die sogenannte ›Stringtheorie‹ fügt zu den bekannten vier Dimensionen, den drei Raumdimensionen und der Zeit (vereint in der Relativitätstheorie), weitere Dimensionen hinzu – dabei bewegt man sich auf Gebieten, bei denen eine experimentelle Verifikation oder Falsifikation (Popper) wohl kaum möglich sein dürfte. Auch hier fühlt man sich an Aristotelische Spekulationen erinnert, wenn man über die ›Geschlossenen und offenen Strings‹ nachliest: »Ein ›geschlossener String‹ besitzt keine Endpunkte und ist daher in seiner Topologie einem Kreis äquivalent. Ein ›offener String‹ hat zwei Enden und ist topologisch äquivalent zu einer Strecke.«

---

43 Gemeinsam mit Martinus Veltman. – Angaben, auch zu den nachfolgenden Betrachtungen über einige moderne Theorien habe ich den Wikipedia-Artikeln über Quantenfeldtheorie und Stringtheorie entnommen.

Aristoteles hatte das zu den zwei Arten der Bewegung auch gesagt. Robert Laughlin, ebenfalls ein Nobelpreisträger, hat dazu gesagt: »Weit entfernt von einer wunderbaren technologischen Hoffnung auf eine bessere Zukunft ist die Stringtheorie die tragische Konsequenz eines überholten Glaubenssystems.«[44] Wenn man die ganze Schar der Bezeichnungen für die seit den siebziger Jahren des letzten Jahrhunderts aufgekommenen Theorien ansieht, fühlt man sich wieder an die Worte des Mephisto im ›Faust‹ (Schüler-Szene) erinnert: »Denn eben, wo Begriffe fehlen, da stellt ein Wort zur rechten Zeit sich ein.«

Von den vier Kräften, der starken Kernkraft, der schwachen Kernkraft, der elektromagnetischen Kraft und der Gravitation ist die letztgenannte, die Schwerkraft entgegen ihrem Namen die schwächste, aber dafür die weitest wirkende. In der Physikerzunft hat sich für die ersten drei Kräfte aber auch der Ausdruck ›Wechselwirkung‹ eingebürgert.

Schon Arthur Schopenhauer hielt nichts von diesem Wort:

> »Beliebt es, dieses Wechselwirkung zu nennen; so ist eben durchaus jede Wirkung Wechselwirkung, und es tritt deswegen kein neuer Begriff und noch weniger eine neue Funktion des Verstandes dafür ein, sondern wir haben nur ein überflüssiges Synonym der Kausalität.«[45]

Albert Einstein führte bei seiner Allgemeinen Relativitätstheorie in der Annahme, dass das Universum konstant bleibe, eine ›Kosmologische Konstante‹ ein, um damit zu erklären, warum das Universum weder kollabiere (durch die eigene Gravitation) noch expandiere. Als dann Edwin Powell Hubble (1889-1953) mit Hilfe der großen Teleskope auf dem Mount Wilson und dem Mount Polomar die Expansion des

---

44 »Far from a wonderful technological hope for a greater tomorrow, string theory is the tragic consequence of an obsolete belief system« in: The Guardian, Oct. 8, 2006 – mitgeteilt im Wikipedia-Artikel über das Stringsystem.

45 Kritik der Kantischen Philosophie, 3c

Universums nachwies, bezeichnete Einstein seine Kosmologische Konstante angeblich als »größte Eselei seines Lebens« (»the biggest blunder«)[46].

Mit der fortschreitenden Technik, die die fortschreitende Verfeinerung und Verbesserung der Messinstrumente – seien es Sensoren, seien es Teleskope – ermöglichen, eröffnen sich immer neue Entdeckungsmöglichkeiten. Dieses Wechselspiel hat sich seit dem 17. Jahrhundert immer mehr beschleunigt. Was gestern noch als gesichert angenommen werden konnte, ist heute schon wieder obsolet. Es ist fast wie mit der Geschichte vom Hasen und dem Igel. Der forschende Hase hetzt von neuer Erkenntnis zu neuer Erkenntnis, und da steht schon der Igel neuer Widersprüche.

Lassen wir erneut Sabine Hossenfelder zu Wort kommen:

> »Ich persönlich ziehe es vor, bloß zu sagen, dass sie (die Mathematik) die Realität beschreibt, dabei es offenlassend, ob oder ob nicht die Mathematik selbst real sei. Wie die Mathematik den Anschluss an die Wirklichkeit hat, ist ein Mysterium, das die Philosophen schon plagte, lange ehe sie Wissenschaftler wurden, und wir sind keineswegs weiser geworden heutzutage. Aber glücklicherweise können wir die Mathematik benutzen ohne das Mysterium zu lösen.«[47]

Es gibt aber durchaus wenigstens in der Zahlentheorie Abfolgen von Zahlen, die sich tatsächlich auch ohne unser Zutun in der Natur abbilden. So spielen die ersten Primzahlen, die 2, 3, 5 eine Rolle (2 = Symmetrie im Körperaufbau, Symmetrie von plus und minus; 3 = Kleeblatt (na ja, beim Glücksklee sind es 4); 5 = Seestern, Kirschblüte und die 4 (Zahl der Extremitäten) oder 6 (Insektenbeine) oder 8 (Spinnenbeine).

---

46 Angaben nach dem Wikipedia-Artikel ›Kosmologische Konstante‹ und Encyclopaedia Britannica, 1967

47 a.a.O., Seite 52 – Übersetzung von mir

Leonardo Fibonacci[48] beschrieb mit der Folge 1+1 = 2; 1+2 = 3; 2+3 = 5; 3+5 = 8; 5+8 = 13 u.s.f.[49] das Wachstum einer Kaninchenpopulation. Diese Fibonacci-Folge spielt z.B. beim spiralförmigen Aufbau von Blütenkörben oder Föhrenzapfen eine Rolle.

Es gibt periodische Vorgänge in der Natur, wie z.B. Wachstumszyklen. Die Singzikade *Magicicada septendecim* erwacht alle 17 Jahre aus dem Larvenstadium. »Dann geht es schnell: nur ein paar Wochen singen, fressen und … vermehren« sie sich, um dann wieder abzusterben. »Andere Zikadenarten schlüpfen nur alle 13 Jahre.«[50]

Die Primzahlen 13 und 17 sind nicht Ursache, sondern Ergebnisse eines Filters, nämlich das des Siebs des Eratosthenes, von ihm zwar nicht erfunden, aber erstmalig erwähnt. Bis heute ist es die einzige Methode, um successive Primzahlen zu ermitteln.

Da kann man durchaus annehmen, dass wenigstens die Zahlen in der Natur auch eine Rolle spielen und nicht nur zur Beschreibung von Naturvorgängen herhalten müssen. Und da stellt sich für mich unwillkürlich die Frage nach der Existenz von etwas, was keine Materie ist. Theoretisch wäre ja die Anzahl der Sonnen in einer Galaxie und die Zahl der Galaxien im Weltall zu zählen. Darüberhinaus die Zahl der Planeten, und weiter die Zahl der Atome – irgendwie könnte man da auf eine Anzahl stoßen, die sehr, sehr groß wäre, aber nicht unendlich = ∞. Es existiert also ein Begriff, den der Mensch ›begreifen‹ kann. Die Anzahlen existierten aber auch schon, bevor sie der Mensch ›begreifen‹ konnte.

---

48 Leonardo von Pisa, Leonardo Pisano, geb. um 1170, gest. nach 1240. Mathematiker am Hof des Stauferkönigs Friedrich II., verfasste u.a. das Buch ›Liber abaci‹, die erste systematische Einführung in das indische Zahlenrechnen. Dort auch in Kapitel 12 das Kaninchenbeispiel.

49 Allgemein $a_{n+2} = a_{n+1} + a_n$ mit $a_1 = a_2 = 1$

50 Holger Douglas, Alle 17 Jahre: Das laute Comeback der Zikaden. In: Tichys Einblick 06/21, S. 68f.

Dass das Atom (griechisch *átomos* = unteilbar) keineswegs unteilbar ist, haben wir schon gelernt. Auch seine Bestandteile Protonen und Neutronen sind zusammengesetzt. Man vermutet Teilchen und Antiteilchen, Kombinationen aus Quarks und Antiquarks, die sogenannten Mesonen. Das Photon zeichnet für den Elektromagnetismus, Z-Boson und W-Boson stehen für die ›schwache Wechselwirkung‹, die acht Varianten des ›Gluons‹ (richtig: kommt vom englischen *glue*, der Leim) stehen für die ›starke Wechselwirkung‹. Und das Higgs-Teilchen sorgt für die Gravitation.

Neutronen außerhalb des Atomkerns zerfallen in je ein Proton, ein Elektron und ein Antineutrino. Für die durchschnittliche Lebensdauer gibt es widersprüchliche Messungen. Bei den Teilchenkollisionen und den zugehörigen Wahrscheinlichkeitsberechnungen für das, was man da beobachtet oder zu beobachten glaubt, scheint mir die Aussage des Physikers Dirk Kreimer (Humboldt-Universität Berlin) bemerkenswert:

> »Es besteht eine Beziehung zwischen der Natur und der algebraischen Geometrie mit ihren Perioden, und inzwischen wissen wir, dass es sich nicht um ein zufälliges Zusammentreffen handelt.«[51]

Es geht um das mathematische Instrumentarium der Riemannschen Zeta-Funktion.

Die Jagd nach dreierlei Neutrinos (Ve, Vμ und Vτ) findet in mehreren existierenden (z.B. seit 2010 Teilchendetektor IceCube am Südpol) und geplanten (z.B. nach 2020 DUNE = Deep Underground Neutrino Experiment quer durch die USA) statt. Alle diese aufwändigen Experimentier-Laborgiganten kosten Milliarden von Dollar, beschäftigen viele Physiker in der Hoffnung, den Nobelpreis zu ergattern oder

51 Spektrum der Wissenschaft Spezial 2.18, Seite 31

zumindest eine Erfolgsmeldung in der ›Review of Particle Physics‹ der Particle Data Group platzieren zu können.

Unwillkürlich denke ich bei allen Versuchen, mit mathematischen Modellen der Natur auf die Schliche zu kommen, an die Zahlenmystiker seit der Zeit der griechischen Philosophen – oder an Johannes Kepler (1571-1630), der die Umlaufbahnen der damals bekannten Planeten für den damaligen Wissensstand gar nicht so schlecht auf die fünf Platonischen Körper (die fünf regelmäßigen Polyeder) zurückführte. Fast eine Zusammenfassung dieser Denkweise finde ich in der Aussage von Prof. Michael Krämer (Aachen), der am Genfer Teilchenbeschleuniger LHC nach neuen Naturgesetzen sucht:

> »Die Vereinheitlichung der Naturgesetze ist immer noch unser Traum. Wir haben in der Teilchenphysik nach wie vor die Hoffnung, das Standardmodell durch eine neue Struktur weiter vereinfachen zu können. Ohne neue physikalische Phänomene bleiben viele Fragen offen: **Warum**[52] ist das Elektron so leicht und das Top-Quark so schwer? Warum gibt es drei Teilchen-Familien? Niemand kennt die Antwort. Aber jeder Teilchenphysiker denkt: Damit können wir uns nicht zufriedengeben.«[53]

Für mich ist interessant, dass mit einem Mal hier die Frage nach dem *Warum* auftaucht.

Schopenhauer lässt grüßen.

---

52 Hervorhebung durch mich

53 Spektrum der Wissenschaft Spezial 2.18, Seite 81

# 5. Die belebte Natur

Darwins Evolutionslehre fußt auf der Annahme, dass sich die Arten aus primitiven Lebensformen durch zufällige Mutationen immer höher entwickelt hätten. Entscheidend sei hierbei der Aspekt, dass sich der Tüchtigste bzw. der am besten Angepasste durchsetzt. Dies klingt zunächst plausibel, und in der Tat findet die Anpassung einer Art – wohlgemerkt innerhalb einer Spezies – an sich ändernde Umweltbedingungen auch nach diesem Selektionsprinzip statt. Betrachtet man allerdings die Kette der Nukleotiden in den Genen, stößt man auf enorme Unwahrscheinlichkeit.

Der Versuch einer einfachen Erklärung scheitert schlicht an der Wahrscheinlichkeitsrechnung, selbst wenn man die lange Zeitdauer von dem angenommenen ›Big Bang‹ bis heute in Betracht zieht. Darwin erkannte selbst – obwohl er von der Desoxynukleinsäure und dem Aufbau des Genoms noch nichts wissen konnte –, dass seine Erklärung nicht alles sein konnte. »Ich bin überzeugt, dass die natürliche Auswahl das wichtigste, aber nicht das ausschließliche Mittel der Modifizierung ist.« (*I am convinced that natural selection has been the most important, but not the exclusive, means of modifycation.*)[54]

## Sekunden seit dem Big Bang

Es werden 13,7 Milliarden Jahre angenommen. Das wären ca. $4 \times 10^{17}$ Sekunden – wenn, ja wenn es bereits mit dem Urknall eine Tik-Tak-

54 Aus der Einleitung zu seinem Werk ›Entstehung der Arten‹ – gefunden bei Wikiquote.

Uhr (wie z.B. das Caesium-Atom in unserer Normzeituhr) gegeben hätte. Regelmäßige Schwingungen konnte es aber erst mit dem Vorhandensein schwingungsfähiger Atome geben.

Allerdings gab es schon seit dem Bestehen der Erde – 5 Milliarden Jahre – diese schwingungsfähigen Atome. Aber ob die Zeit wirklich so gleichmäßig abläuft, hängt ja von der Geschwindigkeit ab, mit der sich ein Körper bewegt, wie uns die Relativitätstheorie belehrt – und das ist meines Erachtens auch nicht ausgemacht. Wenn das Universum weiterhin mit steigender Geschwindigkeit expandiert, wofür die ›dunkle Energie‹ verantwortlich zeigt, müsste sich ja für die einzelnen Objekte die Zeit immer mehr verlangsamen, im Extremfall also zum Stillstand kommen (vgl. Seite 40).

Schon eine kurze Zeichenkette, wie etwa das Beispiel, das Peter Blank in seinem Buch ›Alles ganz von selbst? – Naive Fragen zur Evolution‹[55] bringt, in der ein Affe an der Schreibmaschine durch blindes Tippen den Satz »Ich hab es getragen sieben Jahr« hervorbringen sollte, ist innerhalb überschaubarer Zeit nicht zu schaffen. Das Beispiel ist meines Erachtens nicht glücklich gewählt. Besser wäre es, auf eine Zufallsapparatur zu verweisen, z.B. wie die Kugelmaschine, mit der die Lottozahlen ermittelt werden.

## Variante 1 des Experiments:

In den Behälter müsste man für den Satz:

#ICH#HAB#ES#GETRAGEN#SIEBEN#JAHR# = 33 Zeichen, vertreten durch 33 Kugeln, einlegen, 3mal A, 2mal B, 1mal C, 5mal E .... 7mal # (Zwischenraum), denn die ge-

55 Christiana-Verlag, Kißlegg 2018, Seite 18 ff.

wünschte Zeichenkette muss ja vorne und hinten von anderen Zeichenfolgen abgetrennt sein.

Die 33 Zeichen können 33! (sprich ›33 Fakultät‹) mal in unterschiedlicher Reihenfolge auftauchen. Das ist 33! = 8,6833.. • $10^{36}$.

Da aber die Reihenfolge sich wiederholender Zeichen unerheblich ist, muss man z.B. für A durch 3! = 6, für E durch 5! = 120 etc. und für das # (Leerzeichen) durch 7! = 5040 dividieren.

Als Endergebnis käme also die Anzahl möglicher Reihenfolgen von 1,03858… • $10^{27}$ heraus.

Wenn man den Lotto-Kugelapparat vor Augen hat, würde der bei jedem Versuch ja geleert sein und müsste wieder aufgefüllt werden. Das würde also sicher um vieles länger dauern als das Weltzeitalter. Und: Es müsste ein Wissender schon vorher die Auswahl der Kugeln getroffen haben!

## Variante 2 des Experiments:

Es stehen in einem Riesenbehälter in ausreichender Zahl alle 27 Zeichen des Alphabets plus Leerzeichen # zur Verfügung. Die Wahrscheinlichkeit, einen richtigen Buchstaben, z.B. das E herauszufischen, ist also 1:28. Alle 33 Zeichen miteinander herauszufischen ist $(1/28)^{33}$ = 1,753 … • $10^{-48}$. Und erst jetzt könnte man darangehen, wie in Variante 1 noch die richtige Reihenfolge zu ermitteln. Auch hier müsste ein Wissender (also nicht der Affe) sagen: »Jetzt habe ich die nötigen 33 Zeichen.«

Da dem mathematischen Laien das schwer begreiflich zu machen ist, was es mit der Kombinatorik (Komplexionen, Permutationen, Kombinationen) auf sich hat, will ich das an einem einfachen Beispiel erläutern:

**Frage:**

**Wie viele unterschiedliche Anordnungen ›Zahl – Wappen‹ sind bei sechs Münzen in einer Reihe möglich?**

**Antwort: 64,**

was aus der Binärdarstellung der Zahlen von 0 bis 63 abzuleiten ist, denn $2^6 = 64$.
20 mögliche Abfolgen, je zu 3 ›Zahl‹ und 3 ›Wappen‹. Dies errechnet sich aus der Formel

**6!/(3!x3!) = 20.**

Zur Erläuterung, was es mit der Schreibung ›n!‹
(sprich ›n-Fakultät‹) auf sich hat, nachstehende Erklärung:

Es handelt sich um die Anzahl der verschiedenen Aneinanderreihungen von n verschiedenen Gegenständen in einer Linie.

a-b → b-a = 1 • 2 = 2! = 2

**c**-a-b → a-**c**-b → a-b-**c** / **c**-b-a → b-**c**-a → b-a-**c** = 1 • 2 • 3 = 3! = 6

Die sechsstellige Binärdarstellung der Zahlen 0 bis 63 sieht so aus:

| | | | | | |
|---|---|---|---|---|---|
| 000001 | 001100 | 010111 | 100010 | 101101 | 111000 |
| 000010 | 001101 | 011000 | 100011 | 101110 | 111001 |
| 000011 | 001110 | 011001 | 100100 | 101111 | 111010 |
| 000100 | 001111 | 011010 | 100101 | 110000 | 111011 |
| 000101 | 010000 | 011011 | 100110 | 110001 | 111100 |
| 000110 | 010001 | 011100 | 100111 | 110010 | 111101 |
| 000111 | 010010 | 011101 | 101000 | 110011 | 111110 |
| 001000 | 010011 | 011110 | 101001 | 110100 | 111111 |
| 001001 | 010100 | 011111 | 101010 | 110101 | 000000 |
| 001010 | 010101 | 100000 | 101011 | 110110 | |
| 001011 | 010110 | 100001 | 101100 | 110111 | |

Für die jeweiligen Kombinationen **2 Zahl/4 Wappen**, bzw. **4 Zahl/ 2 Wappen** gibt es je 15 Möglichkeiten. Für die Kombination 1 zu 5 und 5 zu 1 jeweils 6, und dazu noch 000000 und 111111, macht zusammen 64. Bei sechs Münzen in einer Reihe ist es allerdings gleichgültig, von welcher Seite her man diese Reihe betrachtet. Acht Kombinationen sind ohnehin symmetrisch. Die anderen kommen von links oder rechts her jeweils zweimal vor.

Zusammen ergibt dies also 8 + (56/2) = 36 Möglichkeiten. Wohlgemerkt, wenn die Sequenz von sechs Münzen für sich betrachtet wird. Bei einer Kette von Nukleotiden ist diese einfache Spiegelung aber nicht gegeben! Das obenstehende Beispiel dient also nur zur Erklärung der Kombinatorik.

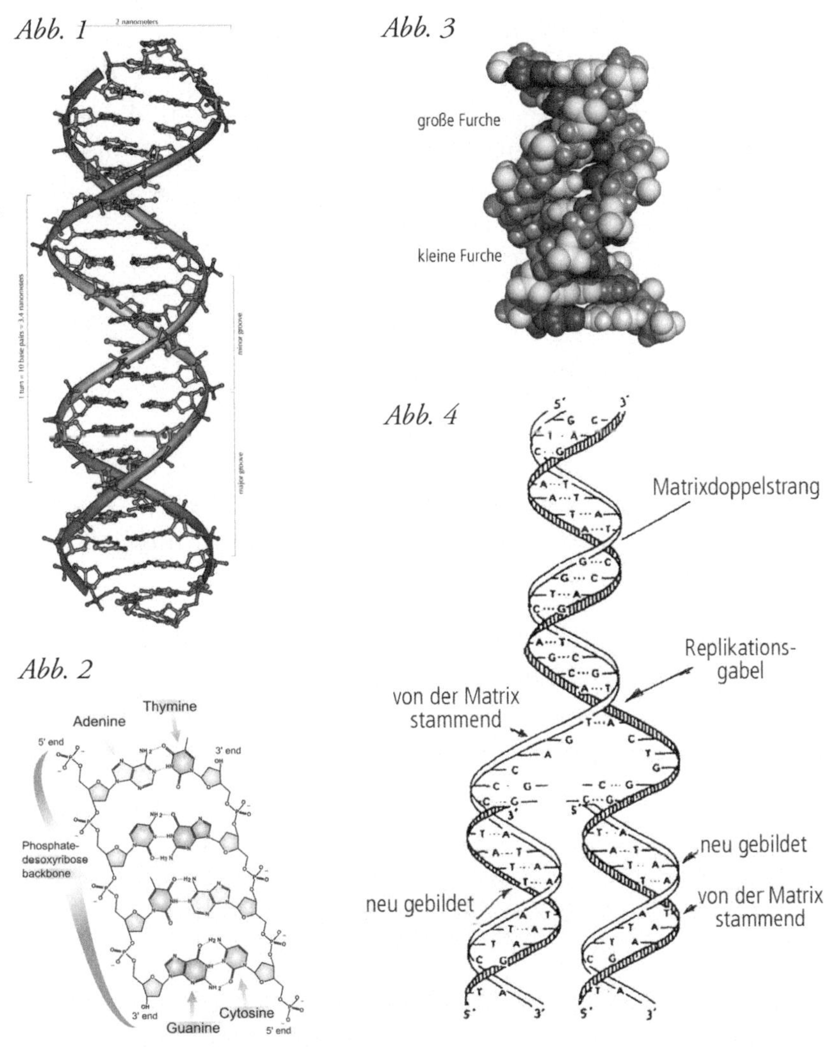


Die Kettenglieder in der Abbildung 4 der Doppelhelix sind A = Adenin, T = Thymin, G = Guanin und C = Cytosin.[56]

---

56 Die vorstehenden Abbildungen 1, 2 und 3 sind einem Wikipedia-Artikel entnommen, die Abbildung 4 ist Bruno Vollmert, a.a.O., Seite 17 entnommen.

Ungeachtet aller sonstigen Bedingungen für den Aufbau der Nukleotid-Ketten in den Genen, die dazu nötigen Anschluss-Stücke, das Umfeld, das überhaupt erst die Zellteilung und Zellvermehrung möglich macht, genügt schon die einfache Betrachtung der Variationen in der Anordnung z.B. in einer ›Kettenlänge‹ von 16 (noch weitab von dem, was alleine schon ein Bakterium benötigt)

$$\frac{16!}{4!\times 4!\times 4!\times 4!} = \mathbf{63.063.000},$$

wenn die Anteile alle gleich sind. In einer Kette sind es ja die vier möglichen Kombinationen C-G, G-C, A-T und T-A. Für das bei Vollmert[57] abgebildete Segment einer Doppelhelix sind das bis zur ›Replikationsgabel‹ folgende 16 Paarungen:

G-C, T-A, C-G, A-T, A-T, T-A, A-T, G-C, G-C, T-A, C-G, A-T, G-C, C-G, A-T und T-A mit 4 x (G-C), 3 x (C-G), 4 x (T-A) und 5 x (A-T). Allein in dieser kurzen Sequenz (vgl. Abbildung 4 auf Seite 53, Teilstück oberhalb der Replikationsgabel) gibt dies

$$\frac{16!}{4!\times 3!\times 4!\times 5!} = \mathbf{50.450.400} \text{ Reihungen!}$$

Insgesamt – in Analogie zu obigem Beispiel für eine Münzreihe – gibt es bei 4 ›Buchstaben‹ insgesamt $4^{16}$ = **4.294.967.296** Möglichkeiten.

57 Bruno Vollmert, Die Entstehung der Lebewesen in naturwissenschaftlicher Sicht. Schriftenreihe der Gustav-Siewerth-Akademie, Bd. 5, Weilheim-Bierbronnen 1995, Seite 17

Vollmert schreibt an anderer Stelle[58]: »... berechnet sich bei vier verschiedenen Kettenbestandteilen (Nukleotiden) und einer mittleren Gen-Kettenlänge von 1500 Nukleotiden die Anzahl der maximal möglichen verschiedenen Nukleotidsequenzen zu $4^{1500}$, näherungsweise gleich $10^{1000}$.« Na, ich habe ›nur‹ $1{,}2x10^{903}$ herausbekommen, was aber nichts an der Absurdität der Behauptung der Synergetiker ändert, dass sich diese Ketten aus der ›Ursuppe‹ von alleine gebildet hätten.

Auch das Darwinsche Argument – *Survival of the fittest* – greift nicht, denn die primitivere Lebensform, wie etwa das Bakterium, ist allemal überlebensfähiger. Zwischen den einzelnen Arten sind die Sprünge in der ›Bauanleitung‹ der Gene derart groß, dass eigentlich jede Zwischenform hätte als Fehlbildung vorher ausgesondert werden müssen, und damit ihre ›besseren‹ Gene an die nächste Generation nicht hätte weitergeben können.

Im Gegensatz zur unbelebten Natur, in der wir mit gezielter Variation von Parametern Experimente anstellen können, die auch wiederholbar sind, ist dies in der belebten Natur schon schwieriger. Man kann zwar an Mäusen die Wirkung von Medikamenten erproben, aber schon bei der Zucht verschiedener Rassen sind Grenzen gesetzt. Man träumt davon, aus dem extrahierten Erbgut eines Mammuts, das im Permafrost die Jahrtausende überstanden hat, durch Implantate bei lebenden Elefanten wieder ein Mammut zu zeugen. Ich könnte mir vorstellen, dass eher die Elefanten auf der Erde ausgestorben sind, ehe das Experiment gelingt.

Greifen wir noch einmal auf die Physik der unbelebten Welt zurück, in der sich ja das Leben aufhält. Der Zweite Hauptsatz der Wärmelehre besagt, dass alle Naturvorgänge so verlaufen, dass die gesamte Entropie (Grad der Nicht-Umkehrbarkeit) aller beteiligten Körper zunimmt.

58 Ebd. Seite 58

Der Endzustand wird nach Walther Hermann Nernst (1864-1941) als ›Wärmetod‹ bezeichnet, z.B. Temperaturunterschiede gleichen sich aus. Das Absterben ist Teil des Lebens. Robert Spaemann (1927-2018) sagt dazu:

> »Der Tod ist nicht das Ende des Lebens und der Zweite Hauptsatz der Thermodynamik nicht das letzte Wort über die Wirklichkeit.«[59]

Die weltweite Gültigkeit der Naturgesetze, so wir sie kennen, wird angenommen. Die schon über Jahrmilliarden sich hinziehende Höherentwicklung des Lebens bis zu den Lebewesen, die sich h*omo sapiens* nennen, läuft aber in die Gegenrichtung.

Viele kleine Teilerfolge sind uns in der Erkenntnis physikalischer, chemischer und biologischer Vorgänge gelungen. Wir wissen, wie das Leben entstanden ist – zunächst in primitiver Form – und wie es sich dann entgegen aller Wahrscheinlichkeit so hoch entwickelt hat, dass am Ende der *homo sapiens* auf die Idee kommen konnte, nach dem Ursprung des Weltalls im allgemeinen und nach dem Ursprung des Lebens im Besonderen zu fragen.

Anstatt so zu tun, als  wüssten wir alles, sollten wir in unserem Denken bescheidener werden.

---

59 Aus ›Sei gegrüßt Kreuz, einzige Hoffnung‹. In: VATICAN-Magazin 1/2019, S. 23

# 6. Zeit und Kausalität

Ursache und Wirkung folgen aufeinander, hängen also vom Ablauf der Zeit ab. Selbst wenn man als Grund für eine Handlungsweise etwas angibt, was in der Zukunft liegt, z.B. den Erwerb eines Hauses, so liegt die Ursache dazu in dem gefassten Entschluss vorher.

Was denn die Zeit nun wirklich sei, eine physikalische Größe, die in den Formeln der Physik mit ›*t*‹ bezeichnet wird und in den Formeln der klassischen Physik bis in die dritte Dimension vorkommt, oder etwas Anderes, was man gar nicht begreifen kann und was, wie uns die Relativitätstheorie zeigt, ohnehin auch noch von der Geschwindigkeit abhängt, mit der man sich im Raum bewegt, kann in der Kausalität eine Rolle spielen.

Deshalb möchte ich hier zuerst einmal Gedanken über die Zeit vorstellen, die im Laufe der Geschichte von mehr oder weniger schlauen Leuten geäußert wurden, beginnend mit den Worten des Hl. Augustinus:

> »Denn was ist ›Zeit‹? Wer könnte das leicht und kurz erklären? Wer vermöchte es auch nur gedanklich zu begreifen, um sich dann im Wort darüber auszusprechen? Gleichwohl, was ginge uns beim Reden vertrauter und geläufiger vom Munde als ›Zeit‹? Beim Aussprechen des Wortes verstehen wir auch, was es meint, und verstehen es gleichso, wenn wir es einen anderen aussprechen hören. Was ist also ›Zeit‹? **Wenn mich niemand danach fragt, weiß ich es; will ich einem Fragenden es erklären, weiß ich es nicht.** Aber zuversichtlich behaupte ich zu wissen, dass es vergangene Zeit nicht gäbe, wenn nichts verginge, und nicht künftige Zeit, wenn nichts herankäme, und nicht gegenwärtige Zeit, wenn nichts seiend wäre.«[60]

60 Augustinus, Bekenntnisse, XI, 14; Übersetzung Joseph Bernhart

Auch in seinem Werk ›Vom Gottesstaat‹ (*De Civitate Dei*) setzt sich Augustinus im 11. Buch, Kapitel 5 und 6 mit dem Zeit- und Raumbegriff auseinander:

> »Unbegrenzte Zeiträume vor der Welt sind ebenso wenig anzunehmen wie unbegrenzte Ortsräume außerhalb der Welt; vielmehr gibt es ebenso wenig Räume außer ihr, als Zeiten vor ihr ... Dagegen ist die Welt zugleich mit der Zeit erschaffen, wenn bei ihrer Erschaffung die Wandel erzeugende Bewegung erschaffen worden ist, worauf auch hinzuweisen scheint jene Gliederung in sechs oder sieben erste Tage, bei denen auch von Morgen und Abend die Rede ist, bis alles, was Gott in diesen Tagen schuf, am sechsten Tage vollendet und am siebenten in einem großen Geheimnis von Gottes Ruhe gesprochen wird. Welcher Art freilich diese Tage sind, das auch nur sich vorzustellen, geschweige denn darzulegen ist ungemein schwierig, wo nicht unmöglich.«[61]

Das sind Anregungen, über die Zeit nachzudenken, denn *nachdenken* können wir darüber, wenn wir das Phänomen letztlich auch nicht erklären können. Augustinus greift hier moderner Kosmologie, aber auch moderner Bibelexegese vor!

Für den Begriff, den wir nicht haben, nehmen wir Worte:

> »Denn eben wo Begriffe fehlen,
> Da stellt ein Wort zur rechten Zeit sich ein.«
>
> [Mephisto, Faust I, Schülerszene]

Und für ›Zeit‹ gibt es verschiedene Worte, hinter denen dann auch ein unterschiedlicher Begriff steht.

Im *Kohelet* (Ecclesiastes, der Prediger Salomo) 3,1 sind die beiden Begriffe aufgeführt:

---

61 Übersetzung nach ›Bibliothek der Kirchenväter‹ als Download (22.01.2012) von http://www.unifr.ch/bkv

זְמָן zman = Zeit, festgesetzte Zeit

עֵת et = Zeit, rechte Zeit, Zeitpunkt, Dauer, Epoche, Kairos, Endzeit.

> »Alles hat seine Stunde. Für jedes Geschehen unter dem Himmel gibt es eine bestimmte Zeit.«
>
> [Übersetzung nach Luther]

In der ›Septuaginta‹, der griechischen Übersetzung des Alten Testaments, steht da einmal *chrónos* = Zeit, Dauer, Weile und dann *kairós* = der rechte Zeitpunkt. Warum so ausführlich?

Die Bedeutung in Wissenschaft, Technik, Wirtschaft, Gesellschaft und Politik bringt uns, je weiter wir fortschreiten, Probleme mit der exakten Zeitbestimmung – Zeit-Punkt und Zeit-Dauer – zum Bewusstsein. Und dass man sich mit dem Begriff schwertut, sehen wir an den Übersetzungsvarianten dieser Verse.

Die ersten acht Verse werden gerne mit einem frommromantischen Unterton zitiert – aber so romantisch ist Kohelet keineswegs. Ich empfehle den nicht allzu langen Text nachzulesen, er hat es wahrlich in sich! Der Kommentar zum Text in der Stuttgarter Ausgabe des Alten Testaments meint, dass er zwar unbestritten zur Weisheitsliteratur gehöre, Weisheit im Alten Testament sei aber Handlungswissen und gehöre auch zur ›Auseinandersetzungsliteratur‹ – und das ist Politik!

Man denkt bei diesem Satz unwillkürlich an die Vielen, die unser soziales Netz auszunutzen verstehen. Wir haben vielleicht ein Gefühl über das Dahineilen der Zeit, wenn wir die Abfolge mehr oder weniger regelmäßig sich wiederholender Vorgänge wahrnehmen. Zu allererst unser Pulsschlag, der aber zumeist als unbewusster Begleiter daherkommt. Über das Unbewusste des Herzschlags hat Generalfeldmarschall Graf Helmuth von Moltke in seinen ›Trostgedanken über das irdische und Zuversicht auf das ewige Leben‹ (1890) folgenden Satz geschrieben:

»Während vielleicht eines Drittheils unseres Daseins während des Schlafes, empfängt der Leib keine Befehle seiner Beherrscherin, und doch pulsirt der Herzschlag ununterbrochen, die Stoffe wechseln und der Athmungsprozeß vollzieht sich, alles ohne unser Wollen.«

Dazu hat er in einer Randnotiz für sein Leben »3 Milliarden Pulsschläge« ausgerechnet. Dazu ist zu bemerken: Je nach natürlicher Pulsfrequenz zwischen 60 und 80 pro Minute summiert sich das in 80 Lebensjahren auf 2 ½ bis 3 ½ Milliarden Schläge. Moltke hat also gar nicht so schlecht gerechnet.

Es gibt ein schönes Lied, komponiert von Carl Loewe, betitelt ›Die Uhr‹ nach Worten von Johann Gabriel Seidl:

Ich trage, wo ich gehe,
  stets eine Uhr bei mir;
Wieviel es geschlagen habe,
  genau seh ich an ihr.
Es ist ein großer Meister,
  der künstlich ihr Werk gefügt,
wenngleich ihr Gang nicht immer
  dem törichten Wunsche genügt.

Ich wollte, sie wäre rascher
  gegangen an manchem Tag;
Ich wollte, sie hätte manchmal
  verzögert den raschen Schlag.
In meinen Leiden und Freuden,
  im Sturm und in der Ruh,
Was immer geschah im Leben,
  sie pochte den Takt dazu.

....

Nun ist der Herzschlag sicher kein präzises Messinstrument für den Lauf der Zeit. Die Empfindung für die Zeit ist sehr subjektiv und drückt sich schon in unserer Sprache aus, in der wir etwas zeitlich einordnen: Ich hatte gehabt → ich hatte → ich habe → ich werde haben → ich werde gehabt haben.

Im Lateinischen – und wie unendlich lang kamen mir oft die Lateinstunden am Gymnasium vor! (Lange Weile = Langeweile) – ist es noch komplizierter. Auch im Vergleich zu anderen Sprachen und anderen Völkern, die in ihrer Sprache denken, gibt es da erhebliche Unterschiede in der Zeitvorstellung. Es schälen sich zwei Aspekte heraus:

a) Periodische Vorgänge, aus denen wir bei Wiederkehr des gleichen Zustandes (*reversibel*), z.B. Vollmond, eingedenk des vorherigen Zustandes schließen, dass wieder einmal eine gewisse Anzahl anderer periodischer Vorgänge – hier z. B. 28 Tage – vorbei ist.

b) Einmalig zu beobachtende Erscheinungen, zumeist verbunden mit Wachstum oder Zerfall (*irreversibel*), die wir aber auch bzgl. ihrer Dauer gerne messen, wozu wir wiederum periodische Vorgänge gemäß Punkt a) benötigen ...

Damit sind wir beim Thema:

## Zeitmessung – Uhren

Die Natur gibt uns relativ genaue Zeitabschnitte vor – den Tag, das Jahr, also Beobachtungen schon seit der Steinzeit – , denken wir nur an die astronomische Uhr in Stonehenge.

> »Die Zeit stellt für die Messung, damals wie heute, ein besonderes Problem dar. Eine Längeneinheit ist ein greifbares Stück, man kann sie öffentlich aufstellen (z.B. an einem Kathedraleneingang), und wer will, kann sich eine Kopie machen oder die Messung am Normal nachprüfen. Für die Zeiteinheit geht das nicht. Trotzdem ist die Zeit wahrscheinlich

die erste Größe, die von der Menschheit der Messung unterworfen wurde. Denn der Tag und das Jahr bieten sich als klar erkennbare ›Objekte‹ von selbst zur Zählung an.«

So Prof. Dr. Heinz Zemanek in seinem Buch ›Kalender und Chronologie‹[62]. Nun aber schwankt in unseren nördlichen Breiten die Tageslänge erheblich, die Wiederkehr der Mondphasen lieferte die Grundlage für den Mondkalender, wonach manche Kulturen immer noch rechnen – bei uns blieb als Relikt die Datierung des Osterfestes.

Die Jahreslänge schwankt ebenfalls – wenn auch nur in geringen Maßen. Gelegentlich wird zu Neujahr eine Schaltsekunde eingeführt. Um mit der Anzahl der Tage nicht zu sehr verrutschen, gibt es alle vier Jahre den 29. Februar, den man aber alle 100 Jahre wieder auslassen muss.

*Gregor XIII. (1502-1585) Papst von 1572-1585 (Ölgemälde von Lavinia Fontana, 1552-1614)*

62 Oldenbourg, München-Wien, $^{2}$1981, Seite 101

Der Gregorianische Kalender wiederholt sich in der Zuordnung der Wochentage zu den Monatstagen alle 400 Jahre. Für uns ist es selbstverständlich, dass wir den Jahresablauf und die Koordination unserer Termine nach diesem Kalender ausrichten. So selbstverständlich war dies aber gar nicht, vor allem nicht vor der Zeit von Papst Gregor XIII. (Ugo Boncompagni, 1502-1585). Er war 1572 zum Papst gewählt worden – der Wahlvorgang dauerte ganze 24 Stunden! Kürzer als bei den letzten Päpsten unserer Zeit.

Gregor XIII. gilt als Förderer der Wissenschaft, und in den Geschichtsbüchern wird er zumeist als eine der zentralen Figuren der Gegenreformation geschildert. In Leopold von Rankes 1834-36 erschienenem Werk ›Die römischen Päpste‹ kommt er erstaunlich gut weg. Ranke hebt Gregors Unbestechlichkeit und Sorgfalt in der Amtsführung hervor. Knapp und treffend schreibt Ranke: »Zu dieser, die gesamte katholische Welt umfassenden Sorgfalt gehört es auch, dass Gregor den Kalender reformierte.«

Die Protestanten allerdings nahmen den Gregorianischen Kalender nur zögerlich an. Die Chinesen bequemten sich sogar erst 1949 dazu. Die Beherrschung des Kalenders zur Berechnung der rechten Zeiten, z.B. für Aussaat und Ernte, hatte schon in den alten Kulturen große politische Bedeutung – bis hinein in die Neuzeit.

Das Bedürfnis, unabhängig vom Stand der Gestirne Zeitabläufe messen zu können, führte – nachgewiesenermaßen – seit 640 v. Chr. in Assyrien zur Erfindung der ersten Wasseruhr, u.a. um 250 v. Chr. von Ktesibios aus Alexandria verbessert. Wasseruhren, versehen mit Zeigern, die über Schwimmer gesteuert wurden, und Schlagzeug zur akustischen Zeitanzeige dienten bis ins 16. Jahrhundert n. Chr. beispielsweise als Weckuhren. Durch allerlei Tricks – Form der Gefäße, Überlaufvorrichtungen – wurde der Abfluss des Wassers so gleichmäßig wie möglich gemacht. Vielleicht kommt daher die Redewendung vom ›Fließen der Zeit‹.

Auf Reisen und auf See verwendete man Sanduhren, bei denen anstelle des Wassers eben Sand rieselte. Bei den Schiffswachen musste darauf geachtet werden, dass die Sanduhren pünktlich umgedreht wurden, zugleich wurde dann die Wachstunde mit einer Glocke angeschlagen. Daher der Ausdruck ›Glasen‹ für diese akustische Zeitangabe. Bei meiner ›Glasenuhr‹ tönt auch brav vor jeder vollen Stunde ein einzelner Schlag, der die Wache darauf aufmerksam macht, dass es bald Zeit ist, die Sanduhr umzudrehen.

Erst mit der Erfindung des Zusammenwirkens von Pendel und Hemmung wurde eine genauere Zeitmessung möglich. Mit Peter Henleins ›Nürnberger Ei‹, eine sogenannte ›Sackuhr‹ (heute sagt man Taschenuhr dazu), die eine von Schweinsborsten gehaltene Waage als Taktgeber enthielt, konnte man Zeitmesser auch mit sich herumtragen.

Christian Huygens (1629- 1695) steht für das Zusammenwirken dessen, was wir im nachfolgenden lesen werden – Wellennatur des Lichts, Weiterentwicklung astronomischer Beobachtungen, Verbesserung der Pendeluhr (Zykloidenführung, siehe Seite 65) und Erfindung der Unruh (1675), der aufgewickelten Feder, die wir noch heute in Taschen- und Armbanduhren finden.

Die Erddrehung als Zeitmaß ist auch nicht das, was sie einmal war. Seit 1967 gilt die Dauer einer Sekunde als das 9.192.631.770fache der Schwingung des Caesium-133-Atoms (seltenes Metall, Element Nr.55) als Zeitmaß. Aus mehreren an verschiedenen Orten der Erde stationierten Caesium-Atomuhren wird die sogenannte ›koordinierte Universalzeit‹ errechnet. Die vier Caesium-Atomuhren der Physikalisch-Technischen Bundesanstalt in Braunschweig verbreiten ihre Zeitinformation über Langwelle, davon profitieren auch unsere funkgesteuerten Armbanduhren.

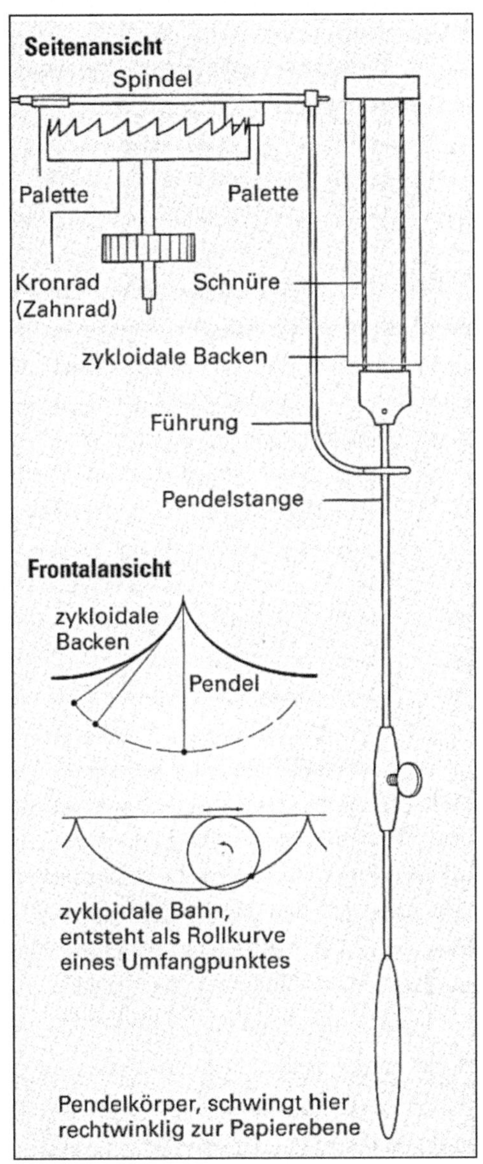


*Verbesserung der Pendeluhr: Zykloidenführung*

Auch unsere heutigen Ortsbestimmungssysteme – z.B. das GPS (Geo-Positioning-System) – hängen von der milliardstel Sekunden genauen Messung der Zeit ab. Damit kommen wir zum ...

## Zeitbegriff in der Physik

Der Nobelpreisträger von 1965, Richard Philipps Feynman (1918-1988), schreibt in seinem berühmten dreibändigen Werk ›Lectures on Physics‹, nach dem ich während meines Physikstudiums noch gelernt habe:

> »Lasst uns erst überdenken, was wir mit ›Zeit‹ meinen. Was ist Zeit? Es wäre nett, wenn wir eine gute Definition der Zeit finden könnten. Webster [d.i. gleichsam der amerikanische Duden] definiert ›eine Zeit‹ als ›eine Zeitspanne, Frist‹, und letztere als ›eine Zeit‹, was nicht gerade recht nützlich zu sein scheint. Vielleicht sollten wir sagen: ›Zeit ist, was geschieht, wenn sonst nichts geschieht.‹ Was uns auch nicht weiter bringt. Mag sein, dass das gerade so gut ist, wenn wir der Tatsache ins Auge sehen, dass Zeit eines der Dinge ist, die wir wahrscheinlich nicht definieren können (im lexikalischen Sinne), und geradewegs sagen, dass es etwas ist, was wir bereits wissen, was es ist: Es ist, wie lange wir warten!«[63]

Wir reden von der Synchronisation, d.i. also das zeitlich exakte Zusammenwirken von zwei Vorgängen, und bei dieser Gleichzeitigkeit steht uns eine Naturkonstante im Weg: die Lichtgeschwindigkeit, grob gerechnet c = 300.000 km/s; der genaue Wert: im Vakuum: 299.792.456,2 m/s ± 1,1 ... na ja, für unsere Betrachtung kommt es auf die paar Meter Unterschied nicht an. Aber: Die Lichtgeschwindigkeit ist die größte Geschwindigkeit, mit der eine Wirkung, z.B. ein Signal, übertragen

63 The Feynman Lectures on Physics, Bd. 1, 5-2 – Übersetzt von Lederer

werden kann – und damit auch ein Vorgang, der als Ursache für einen anderen Vorgang herhalten muss.

Um dem Leser einen kleinen Begriff von den Entfernungen in unserer näheren galaktischen Umgebung zu vermitteln, stelle er sich bitte vor, er stünde auf einem Fußballplatz in einem der beiden Tore und hätte ein Pfefferkorn in der Hand. Das sei unsere gute alte Erde. Durchmesser: 4 mm. Dann wäre die Sonne etwa so groß wie ein Bierfass, das in der Mitte des Fußballfeldes stünde.

Der Jupiter, der größte Planet unseres Sonnensystems, hätte die Größe einer Mandarine (4,5 cm Durchmesser), irgendwo einen halben Kilometer außerhalb des Stadions liegend. Das Licht von der Sonne braucht ca. 8 Minuten, um zu uns auf die Erde zu gelangen. Der nächste Fixstern – das Sternenpaar AlphaCentauri A&B, etwa beide so groß wie die Sonne – würden zwei Bierfässer sein, die auf der anderen Seite der Erde in Neuseeland um sich kreisen. Das Licht von dort zu uns braucht 4,4 Jahre!

> *Lichtjahre:* Die Entfernung, die das Licht in einem Jahr zurücklegt, umfasst ca. 9 Billionen Kilometer. Wir messen also hier die Entfernung nicht mit dem Meterstab, sondern mit der Zeit als Maßstab!

Der Blick auf den Sternenhimmel ist also ein Blick in die weite, weite Vergangenheit. Bis zurück zum Urknall, mit dem alles – auch die Zeit! – begonnen hat. Ein Hauptthema der Kosmologie. In einem Schulaufsatz hat das eine Grundschülerin einmal so formuliert:

> »Der Urknall war's. Das hat vielleicht geknallt! Da sind alle Leute in der ganzen Welt davon wach geworden. Sie fingen sofort zu arbeiten an. Einige haben Fernrohre gebastelt und nachgeschaut, warum das so geknallt hat.«

Der supergescheite Physiker Stephen Hawking (1942-2018) verfasste eine ›Kurze Geschichte der Zeit‹. Das Buch hielt sich fast fünf Jahre auf den Bestsellerlisten. Aber alle seine Versuche, eine einheitliche Weltformel zu kreieren, mündeten nur in Spekulation. Ihm geht es wie Goethes Faust [I, 1 – Studierstube]: Faust hat den Erdgeist beschworen, der zu Faust spricht:

| | |
|---|---|
| *Erdgeist:* | ... So schaff' ich am sausenden<br>Webstuhl der Zeit<br>und wirke der Gottheit lebendiges Kleid. |
| *Faust:* | Der du die weite Welt umschweifst,<br>geschäft'ger Geist,<br>wie nah fühl' ich mich dir. |
| *Erdgeist:* | Du gleichst dem Geist, den du<br>begreifst, nicht mir! |

Aber da rutschen wir von der Physik schon in die Philosophie.

## Zeitbegriff in der Philosophie – Zeit und Kausalität

Immanuel Kant sagt in seiner ›Kritik der reinen Vernunft‹:

> »Die Zeit ist kein empirischer Begriff, der irgend von einer Erfahrung abgezogen worden. Denn das Zugleichsein oder Aufeinanderfolgen würde selbst nicht in die Wahrnehmung kommen, wenn die Vorstellung der Zeit nicht a priori (von vorneherein) zum Grunde läge. Nur unter deren Voraussetzung kann man sich vorstellen: daß einiges zu einer und derselben Zeit (zugleich) oder in verschiedenen Zeiten (nach einander) sei. Die Zeit ist eine nothwendige Vorstellung, die allen Anschauungen zum Grunde liegt. Man kann im Ansehen der Erscheinungen überhaupt die Zeit selbst nicht aufheben, ob man zwar ganz wohl die Erscheinungen aus der Zeit wegnehmen kann.«[64]

---

64 Immanuel Kant, Kritik der reinen Vernunft. Königsberg 1781, I, 2; Akademie Textausgabe IV, 1903/11, Seite 36

Und Martin Heidegger schreibt in seinem Buch ›Sein und Zeit‹:

> »Faktisch existierend ›hat‹ das jeweilige Dasein ›Zeit‹ oder es ›hat keine‹. Es ›nimmt sich Zeit‹ oder ›kann sich keine Zeit lassen‹. Warum nimmt sich das Dasein ›Zeit‹ und warum kann es sie ›verlieren‹? Woher nimmt es die Zeit? Wie verhält sich diese Zeit zur Zeitlichkeit des Daseins?«[65]

Zum Gedanken, sich Zeit zu nehmen oder Zeit zu haben komme ich im nächsten Abschnitt, der sich mit den soziologischen Aspekten der Zeit befasst.

Der Hl. Augustinus meint im 11. Buch, 6. Kapitel seines Buches ›Vom Gottesstaat‹ (*De civitate Dei*):

> »Ewigkeit und Zeit unterscheidet man nämlich mit Recht in der Weise, dass der Zeit beständig wechselnde Veränderlichkeit anhaftet, während es in der Ewigkeit keine Veränderung gibt. Demnach hätte es offenbar überhaupt keine Zeiten gegeben, wenn nicht ein Geschöpf ins Dasein getreten wäre, an dem sich durch Bewegung etwas verändert; denn die Zeit ergibt sich erst an der Hand der kürzeren und gedehnteren Zwischenräume der Dauer, die durch diese Bewegung und Veränderung beansprucht wird, indem ein Zustand dem andern weicht und nachfolgt, die beide nebeneinander nicht bestehen können.«

Als hätte Augustinus die modernen Erkenntnisse der Astrophysik vorhergeahnt!

Der Ablauf, für uns nur erfahrbar durch Veränderungen, die wir wiederum nur durch den Vergleich – Anschauung oder Messung – mit dem was vorher war, feststellen können, führt zu der Notwendigkeit, Ursache und Wirkung zueinander in Bezug zu setzen. Kausalität kann es also nur geben, wenn wir von einem gerichteten Zeitpfeil ausgehen.

---

65 Martin Heidegger, Sein und Zeit. Tübingen 1972, Seite 404

Und da tut sich für uns in der modernen Physik die große Diskrepanz auf, da die Quantenphysik mit der Kausalität so ihre Schwierigkeiten hat. Im subatomaren Bereich scheint das nicht mehr so zu funktionieren wie in der Makrophysik bis hin zur Kosmologie. Hier gibt es einen weiten Bereich der Spekulation – es wird nicht mehr erklärt, sondern nur noch beschrieben.

Die Kausalität hängt aber eng mit unserem Zeitbegriff – so wir denn überhaupt einen haben – zusammen. Wir springen da auch munter zwischen Physik und Philosophie hin und her. Die Ursachen liegen zeitlich vor den Wirkungen. In der Aphorismensammlung ›Der Wille zur Macht. Versuch einer Umwertung aller Werte‹ von Friedrich Nietzsche findet man unter der laufenden Nr. 479[66] den Hinweis: »Die chronologische Umdrehung, so daß die Ursache später ins Bewußtsein tritt als die Wirkung …« Richtig beobachtet. Deshalb ist man ja auch meistens hinterher schlauer als vorher.

Dabei kommt es oft darauf an, wie stark die Kausalkette ist. Wir alle kennen den Spruch »Kleine Ursache, große Wirkung«, damit befasst sich z.B. die sogenannte Chaostheorie. Der berühmte Schmetterlingsschlag an einer Grenze zwischen feuchtwarmer und kalter Luft kann einen Tornado auslösen. Und was macht so ein bisschen Zeitunterschied von einer halben Minute aus? Der wesentliche Unterschied, ob ich eine halbe Minute vor Abfahrt eines Zuges oder eine halbe Minute danach auf dem Bahnsteig erscheine, kann meinen ganzen Tagesablauf durcheinanderbringen.

Obwohl wir in der Makrophysik prinzipiell von der Vorhersagbarkeit von Ereignissen ausgehen, wenn wir nur die Ausgangslage genau beschreiben könnten, reicht die Vorhersagbarkeit zumeist nicht allzu weit. Trotz unserer Super-Computer gibt es immer noch keine langfristigen Wettervorhersagen. Auch im subatomaren Bereich hilft uns die

---

66 Alfred Kröner Verlag, Leipzig 1930

Quantenphysik allenfalls noch mit Wahrscheinlichkeiten weiter. Der Zufall spielt in der sogenannten Kopenhagener Deutung der Quantenmechanik eine herausragende Rolle.

Es ist nicht determiniert – nach unseren Begriffen – welches der radioaktiven Atome des Kohlenstoffs C14 als nächstes zerfallen wird. In der Summe aber wissen wir, dass der Anteil an radioaktivem C14 bei lebenden Organismen konstant bleibt (erneuert wird), aber mit dem Tod, dem Aufhören der Erneuerung, der Zerfall fortschreitet.

Dies gibt uns die Möglichkeit, anhand der sogenannten Halbwertszeit radioaktiver Materialien und des verbliebenen Anteils das ungefähre Alter eines abgestorbenen organischen Materials zu bestimmen. Das ist die Radiocarbonmethode. Da haben wir sie also wieder, die Zeit, diesmal bei einem irreversiblen Prozess.

Eine andere Zeitaufzeichnung finden wir in der Natur in den Jahresringen der Bäume, die gleichsam einen zeitlichen Fingerabdruck über die Jahre hinweg hinterlassen. Man kann sogar sich überlappende Baumrelikte so zusammensetzen, dass man etwa Klimaveränderungen über ein oder zwei Jahrhunderte rekonstruieren kann.

Im ›ewigen Eis‹ der Arktis bilden die Ablagerungen die klimatologische Geschichte von Jahrtausenden ab. Und was erzählen uns die Fossilien nicht alles über die Erdgeschichte? Spuren der Zeit. Und was sind die Falten in unserem Gesicht?

Auch mit dem Begriff ›Ewigkeit‹ hat es so seine Bewandtnis. So heißt es in Psalm 90, Vers 2:

> »Bevor die Berge noch geboren wurden, / eh' Erd und Welt ward erzeugt, / bist du von Ewigkeit zu Ewigkeiten, Gott.«[67]

67 Übersetzung Paul Rießler

Auch in der Vulgata (dortige Zählung Psalm 89) steht: *a saeculo & usque in saeculum...* Und *saeculum* kann vieles heißen: ›Generation, Menschenalter, Zeitalter, Weltsinn‹, ... allgemein: ›langer Zeitraum‹. Der Hl. Hieronymus hat sich da in seiner Bibelübersetzung also nicht sonderlich festgelegt.

Martin Buber übersetzt das hebräische Original – עַד־עוֹלָם וּמֵעוֹלָם ... (lies in etwa: *'ad-ôlām 'ûmē'ôlām*)... mit: »... von Zeiten her bis in Zeiten«, nimmt aber z.B. im Psalm 92,9 für das Wort *ôlām* den korrekten Ausdruck ›Weltzeit‹.

Beim Pons, Kompaktwörterbuch Althebräisch[68] ist das Wort *ôlām* wie folgt erklärt:

> »... die Zeit vom Beginn bis zum Ende der Welt, Weltzeit, lange Zeit, alle Zeit, alle gewesene Zeit. Vergangenheit, Vorzeit; alle kommende Zeit, Zukunft; nachbiblisch: die Welt. Meist wird dieses Wort mit *Ewigkeit* übersetzt. Genau genommen passt dies nicht, denn die Ewigkeit zeichnet sich gerade durch *Zeitlosigkeit* aus.«

Das hebräische Wort für Ewigkeit heißt נֵצַח *nétzach.* Und das kommt im Alten Testament nur einmal vor.

Würde sich die Ewigkeit auch nach hinten ausdehnen, dann wären wir im Heute noch gar nicht angekommen. So kommt man über einen schlichten Eintrag in einem Lexikon auf den Zusammenhang zwischen Zeit und Ewigkeit. Unter ›Weltzeit‹ verstehen wir heute übrigens das, was früher ›Greenwich-Zeit‹ hieß und heute UTC = Universal Time Coordinated.

»Das dauert ja eine Ewigkeit!« hört man, wenn einer etwas ungeduldig nicht erwarten kann. Meist sind das Menschen, die mit ihrer Gegen-

68 Stuttgart 2006, Seite 236

wart nicht zurechtkommen. Heinrich Heine hat das in ›Aus den Memoiren des Herrn Schnabelewopski‹ (1834, Kap. XII) folgendermaßen formuliert:

> »Was ist Traum? Was ist Tod? Ist dieser nur eine Unterbrechung des Lebens? Oder gänzliches Aufhören desselben? Ja, für Leute, die nur Vergangenheit und Zukunft kennen und nicht in jedem Momente von der Gegenwart eine Ewigkeit leben können, ja für solche muss der Tod schrecklich sein! Wenn ihnen die beiden Krücken, Raum und Zeit, entfallen, dann sinken sie ins ewige Nichts.«

Man sollte eben »Der Zeit Zeit lassen …« (*lasciare tempo al tempo*) – ein italienisches Sprichwort, das Papst Johannes XXIII. gern gebraucht hat.[69]

Am 5. Juli 1994 schnappte ich vor der Michaelskirche in München die Worte eines merklich betrunkenen Stadtstreichers auf, die er an seinen Kumpel richtete: »Gott kennt keine Vergangenheit, Gott kennt nur Gegenwart. Nur die Sünden, die er uns vergeben hat, sind Vergangenheit.« Nicht nur im Wein kann die Wahrheit liegen, sondern manchmal auch im Schnaps.

## Zeit in der Religion – Ausblick

Martin Luther hat es – fast das Einsteinsche Raum-Zeit-Kontinuum vorausahnend – auf den Punkt gebracht:

> »Vor Gottes Angesicht ist keine Rechnung der Zeiten …Drum ist ihm der erste Mensch Adam so nahe wie der zuletzt wird geboren vor dem

69 Mitgeteilt in der rororo-Monographie Bd. 340 über den Papst von H. Nürnberger

jüngsten Tag, denn Gott sieht die Zeit nicht nach der Länge, sondern nach der Quere.«[70]

Im ersten Akt der Oper ›Der Rosenkavalier‹ von Richard Strauss sinniert die Marschallin über die Zeit, nachdem sie gerade noch ein Techtelmechtel mit dem jungen Octavian gehabt hatte und ahnt, dass er bald zu einer Jüngeren wechseln wird – in musikalisch wunderbar umgesetzten Versen des Librettisten Hugo von Hofmannsthal:

»Die Zeit, die ist ein sonderbares Ding. Wenn man so hinlebt, ist sie rein gar nichts. Aber dann auf einmal, da spürt man nichts als sie: sie ist um uns herum, sie ist auch in uns drinnen. In den Gesichtern rieselt sie, im Spiegel da rieselt sie, in meinen Schläfen fließt sie. Und zwischen mir und dir da fließt sie wieder. Lautlos, wie eine Sanduhr ... Allein, man muss sich auch vor ihr nicht fürchten. Auch sie ist ein Geschöpf des Vaters, der uns alle geschaffen hat.«

Lassen Sie mich mit den Worten Johann Gottfried Herders (1744-1803) aus ›Amor und Psyche‹ schließen:

Ein Traum, ein Traum ist unser Leben
Auf Erden hier.
Wie Schatten auf den Wolken schweben
Und schwinden wir.
Und messen unsre trägen Tritte
Nach Raum und Zeit;
Und sind (und wissen's nicht)
In Mitte der Ewigkeit.

Denken wir nochmals an Arthur Schopenhauers Satz, dass »man das Warum die Mutter aller Wissenschaften nennen« darf. Das Kausalitäts-

70 Mitgeteilt von Jürgen Moltmann in: ›Stimmen der Zeit‹, Heft 11/2005, Seite 727 – leider ohne nähere Quellenangabe.

prinzip ist selbst mit der Quantenmechanik nicht aus der Welt. Genau genommen geht es um die Frage, ob eine Veränderung determiniert ist oder ob sie als Auswahl von verschiedenen Möglichkeiten nicht determiniert erfolgt. Es wird also sicher niemals genau anzugeben sein, welches radioaktive Atom – wenn man sie denn schon einzeln markieren könnte – zu welcher Zeit zerfällt.

Aber dass eine genügend große Menge radioaktiver Atome in einem festen Zeitabschnitt zu so und so viel Anteilen zerfallen sein wird, das läuft regelmäßig ab. Es ist also – Quantenmechanik hin oder her – ein ›irgendwie‹ determinierter Vorgang. Das wird zum Beispiel hergenommen, um die Altersbestimmung abgestorbener Lebewesen mit der Carbon-Methode vorzunehmen (siehe auch Seite 71).

Das Element Kohlenstoff hat sechs Isotope, von denen nur zwei, $C_{12}$ und $C_{13}$ stabil sind, die anderen vier, $C_{10}$, $C_{11}$, $C_{14}$ und $C_{15}$ sind instabil. Das Isotop $C_{14}$ hat eine Halbwertszeit von ca. 5.700 Jahren, was es für die Altersbestimmung abgestorbener Lebewesen so brauchbar macht. Durch das Hintertürchen kommt aber wieder die Frage nach dem Warum herein.

Warum sind Elemente stabil, andere nicht? Warum sind die instabilen überhaupt da? Warum kann man aus dem Zerfallsanteil eines Stoffes aus Material, das von Lebewesen gewonnen worden war, auf das Alter schließen? Man weiß, bzw. nimmt an, dass das Lebewesen, solange es noch lebt, seinen $C_{14}$-Anteil konstant hält (Austausch durch die biologischen Vorgänge, $CO_2$-Anteil der Atemluft) und der Austausch mit dem Absterben aufhört.

Es ist für Kinder, wenn sie das Sprechen erlernt haben und die Wirkung einzelner Worte ausprobieren, ein schönes Spiel, oft auch zur Unzeit ›Warum?‹ zu fragen und damit die Geduld der Eltern zu strapazieren, weil diese wieder und wieder etwas erklären müssen. Der berühmte Clown Grock (Adrian Wettach) praktizierte diese Kinderfrage mit großem Lacherfolg … »Waruuuum?«

Einen Fehler sollte man – gleich ob Wissenschaftler, gläubig oder ungläubig – nicht machen: So zu tun, als habe man für alles eine Erklärung.

Ob hinter der ganzen Welt – unbelebt oder belebt – als Ursprung ein wissendes, wollendes Wesen steht oder nicht, wir können es nicht wissen und schon gar nicht beweisen. Die Annahme, dass das alles irgendwie aus dem Nichts entstanden ist und irgendwie nach den Naturgesetzen abläuft, lässt uns ganz alleine dastehen. Arthur Schopenhauer sagt dazu in seiner ›Kritik der Kantschen Philosophie‹:

> »Wenn wir auch annehmen, jede Vernunft müsse, oder wenigstens könne, auch ohne Offenbarung zum Begriff von Gott gelangen; so geschieht dies doch offenbar allein am Leitfaden der Kausalität.«[71]

Schopenhauer sieht den Willen als treibende Kraft an, er schreibt sogar einmal:

> »Meiner Lehre zufolge hat allein der Wille eine metaphysische Wesenheit, vermöge welcher er durch den Tod unzerstörbar ist; der Intellekt hingegen ist, als Funktion eines körperlichen Organs, bloß physisch und geht mit demselben unter.«[72]

Im letzten Satz seiner Schrift: ›Die Welt als Wille und Vorstellung‹ hat er es so ausgedrückt:

---

71 Da Schopenhauer hier keine dezidierte Kapitel-/Abschnittsunterteilung vornimmt, muss ich zur Identifizierung der Fundstelle (gegen Ende seiner Kritik) angeben, dass der Abschnitt beginnt mit »Es folgt das Kapitel vom transscendentalen Ideale, welches uns mit einem Male in die starre Scholastik des Mittelalters zurückversetzt.« ›Die Welt als Wille und Vorstellung ...‹, erster Band, nach F.A. Brockhaus 1859, Haffmanns Verlag, Zürich 1988, Seite 645, wortgleich in meiner Ausgabe des Hesse & Becker-Verlags, Leipzig 1919, dort Seite 673.

72 Parerga und Paralipomena I, Versuch über das Geistersehn und was damit zusammenhängt, Haffmanns Verlag, Bd. III, Seite 308

»Wir bekennen es vielmehr frei: was nach gänzlicher Aufhebung des Willens übrig bleibt, ist für alle Die, welche noch des Willens voll sind, allerdings Nichts. Aber auch umgekehrt ist Denen, in welchen sich der Wille gewendet und verneint hat, diese unsere so sehr reale Welt mit allen ihren Sonnen und Milchstraßen – Nichts.«

Ich entnehme daraus – und deshalb habe ich vergleichsweise viel von Schopenhauer zitiert –, dass der Philosoph durchaus der Meinung ist, dass in der Natur eine gewisse willentliche Zielgerichtetheit vorhanden sein müsse. Ich habe den Eindruck, dass er kein Atheist ist, sondern einer, der um einen wie immer gearteten Willen in der Welt herumredet. Ich würde ihn also nicht als Atheisten, sondern als ›Peritheisten‹ bezeichnen. Die dritte Bitte im ›Vater Unser‹ – »Dein Wille geschehe, wie im Himmel so auf Erden …« – hat er nach meiner Kenntnis allerdings nicht zitiert.

Als hätte der Verfasser des ›Buchs der Weisheit‹ (in großer zeitlicher Nähe zum Neuen Testament entstanden, Originalsprache Griechisch, gehört zu den Apokryphen) unsere mechanistischen Welterklärer – vom Urknall bis zum *homo sapiens* – vorausgeahnt, hat er zu Beginn des 13. Kapitels (Verse 1 bis 10, und 18) folgendes geschrieben:

(1) Die Menschen waren alle Toren von Natur,
wenn ihnen die Erkenntnis Gottes fehlte.
Denn sie vermochten nicht,
aus sichtbaren Vollkommenheiten
selbst auf den Seienden zu schließen,
und fanden nicht den Künstler
bei der Betrachtung seiner Werke.
(2) Sie hielten Feuer, Wind, die schnelle Luft,
den Sternenkreis oder das gewaltige Wasser,
des Himmels Leuchten gar für Götter,
die diese Welt regierten.
(3) Und hielten sie, ergötzt durch Schönheit,
sie schon für Götter,

so hätten sie doch wissen sollen,
um wieviel wundervoller ihr Gebieter ist.
Der Schönheit Ursprung hat sie ja erschaffen.
(4) Und wenn sie Kraft und Wirksamkeit bewunderten,
so sollten sie aus ihnen schließen,
um wieviel mächtiger ihr Bildner ist.
(5) Denn aus der Größe und der Schönheit der Geschöpfe
ist durch Vergleiche deren Schöpfer zu erkennen.
(6) Doch sie verdienen nur geringen Tadel.
Sie gehen ja vielleicht nur irre,
weil sie den Herrn aufsuchen und auffinden wollen.
(7) Mit seinen Werken ganz beschäftigt, forschen sie.
Doch geben sie dem Anblick nach,
weil das Geschaute prächtig ist.
(8) Doch sind auch sie nicht zu entschuldigen.
(9) Wenn sie soviel erkennen konnten,
daß sie die Welt erforschen konnten,
wie kam es dann,
daß sie nicht schneller
den Herrn von allem fanden?
(10) Auf tote Dinge ihre Hoffnung setzend,
befanden sich im Elend die,
die Götter das von Menschenhand Gefertigte benannten ...

(18) Ums Leben bittet er das Tote. ...

Ich habe hier die Übersetzung von Paul Rießler[73] zitiert, da sowohl in der Einheitsübersetzung als auch bei Peter Blank[74], ja auch schon in der Vulgata, der Duktus des griechischen Originals nicht durchscheint. Bei Rießler kommt am ehesten das Versmaß zur Geltung. In Vers 2 wird auf die vier Elemente der Griechen angespielt, die »sichtbaren Vollkommenheiten« (Vers 1) könnten eine Anspielung auf die beobachte-

73 Matthias Grünewald Verlag, Mainz 1928, II. Band
74 a.a.O. Seite 178

ten Gesetzmäßigkeiten in der Physik sein. »Ergötzt durch Schönheit« (Vers 3) erinnert an den Stoßseufzer von Gerardus 't Hooft (vgl. Seite 41), und die Entstehung des Lebens aus der toten Ursuppe wird im Vers 18 angesprochen.

Bei allem Vertrauen – »Annehmen der Aussage eines anderen auf sein Wort hin« (vgl. Keller-Zitat Seite 13) – auf die Ergebnisse der Wissenschaft(ler) und bei den sich dabei ergebenden Hypothesen, von denen ich berichtet habe, von der dunklen Materie und dunklen Energie bis zur Selbstorganisation der Lebewesen aus dem Urschlamm durch Zufallsereignisse hinauf bis zum *homo sapiens*, und das alles ohne jeglichen steuernden Willen, ohne Sinn und Zweck, folgt für mich:

**Um Atheist zu sein,**
**dazu reicht meine Glaubenskraft nicht aus.**

Aber kann man sich andererseits Gott wirklich erklären?

Edward Feser, der einerseits zu Recht gegen den Atheisten Dawkins polemisiert, hat seinerseits ein Buch verfasst: ›Die fünf Gottesbeweise‹[75], in denen er wortwiederholungsreich Aristoteles, die Neuplatoniker, Augustinus, Thomas von Aquin und die Rationalisten (Leibniz) nicht zitiert, sondern eher persifliert. Mit dieser Methode liegt er meiner Ansicht nach auf der anderen Seite genauso daneben wie Dawkins.

»Es geht in diesem Buch um Philosophie, speziell um die klassischen Gottesbeweise, für die Sätze der Physik, bzw. der Thermodynamik völlig irrelevant sind«, so hat Dr. Rafael Hüntelmann auf meine Einwendungen reagiert[76], so als habe Gott (hier der Schöpfer) mit den

75 Deutsche Ausgabe bei editiones scholasticae, Neunkirchen-Seelscheid 2018, übersetzt von Dr. Rafael Hüntelmann

76 Brief vom 24.08.2018

Naturwissenschaften im Allgemeinen und der Physik im Besonderen überhaupt nichts am Hut. Ich möchte mir nicht vorstellen, dass Gott von Mathematik und Physik nichts versteht!

Albert Einstein hat gesagt: »Gott würfelt nicht.« Dass Gott von Physik nichts verstünde, hat er damit aber nicht gemeint. Und da kommt der Gedanke an die physikalische Deutung der Ewigkeit ins Spiel. Auf Seite 40 habe ich die ›dunkle Energie‹ erwähnt, die als Erklärung dafür herhalten muss, dass das Universum nicht nur expandiert, sondern dies sogar beschleunigt tut. Demnach müssten die Galaxien einmal Lichtgeschwindigkeit erlangen – und damit würde die Zeit stehen bleiben. Die Ewigkeit würde also wieder erreicht werden.

Dass die Zeitdilatation existiert, wissen wir, wir müssen sie ja z.B. beim Geographic Positioning System = GPS berücksichtigen. Aber das ist ja nur relativ zu unserer Erde. Die Erde hat aber eine Umlaufgeschwindigkeit um die Sonne, die Sonne kreist um das Zentrum der Milchstraße – und die Milchstraße wiederum flieht vor dem Urknall-Punkt. Also, welche Geschwindigkeit gilt da? (vgl. auch Seite 49)

Mit rein philosophischem Vokabular kann man sich sicher einen wie immer gearteten Gott, der über die Zeit herrscht, zurechtdefinieren, aber …

»Wenn du es verstehst, dann ist es nicht Gott.«
*(si comprehendis – non est Deus)*

sagt Augustinus.[77] Und da hat er recht.

77 Augustinus, sermo 52,16, mitgeteilt in: ›Deus caritas est‹, Papst Benedikt XVI.

# 7. Wahrheit und Lüge

עֵץהַ דַּעַת טוֹבוָרָע

Lies: *›ra‹* ← *va* ← *tov* ← ***da'at*** ← *ha* ← *éts*

Böse ← und ← Gut ← **Erkenntnis** ← Baum

(Leserichtung im Hebräischen ist ←)

**Baum der Erkenntnis von Gut und Böse**

… von dem Adam und Eva genascht haben.

So steht es in Kapitel 3 der Genesis.

Was heißt »Erkenntnis von Gut und Böse«? Im Zusammenhang mit ›Erkenntnis‹ sicher auch das Erkennen von dem, was wahr ist, als gut, und was Lüge ist, als böse. Und Erkenntnis kann die Wahrnehmung von Tatsachen genauso sein, wie die Anerkennung dessen, was man glauben kann – wenigstens bis zum Beweis des Gegenteils. »Was ich nicht selbst sehe, das glaube ich nicht!«

Nun bedeutet ›glauben‹ nach einer der Definitionen, die man im Wörterbuch finden kann, ›etwas für möglich oder wahr halten‹. Dem setzt Thomas von Aquin in seiner ›Summe der Theologie‹ in der 16. Untersuchung des ersten Bandes, erster Artikel die Frage »Gibt es die Wahrheit nur im Verstand?« entgegen:

»Scheinbar gibt es die Wahrheit nicht bloß im Verstand, sondern vielmehr in den Dingen. Augustinus tadelt nämlich Soliloq. (2,3) folgende Erläuterung von Wahr: ›Wahr ist, was man sieht‹: weil hiernach die

Steine im entlegenen Versteck der Erde nicht wahre Steine wären, weil sie nicht gesehen werden. Er lehnt auch folgendes ab: ›Wahr ist, was einem Erkennenden zur Sicht steht, wenn er erkennen will und kann‹: weil hieraus folgen würde: nichts wäre wahr, wenn es keinen gäbe, der erkennen könnte. Und darum bestimmt er als wahr: ›Wahr ist das, was ist.‹ Und so scheint es, dass es die Wahrheit in den Dingen gibt und nicht im Verstand.«[78]

In der folgenden 17. Untersuchung über ›Die Fälsche‹ (*falsitas* – Bernharts Wortschöpfungen, mit denen er die lateinischen Begriffe ins Deutsche bringen will, sind gewöhnungsbedürftig) wird der Bezug zum Verstand hergestellt und auf das, was Bernhart mit dem Wort ›Gesinn‹ (*sensûs*) bezeichnet. Da fällt mir wiederum der Satz von Gottfried Wilhelm Leibniz (1646-1716) ein (vgl. Seite 18):

> »Nichts ist im Verstand, was nicht auch in den Sinnen ist, mit Ausnahme des Verstandes selbst.«
> *(Nihil est in intellectu, quod non fuerit in sensu, excipe: intellectus ipse.)*

... und da beißt sich der Hund des notorischen Zweifels in den Schwanz. So handeln die Agnostiker, die an die Unerkennbarkeit der Wahrheit und der Wirklichkeit überhaupt – ja, was denn? – glauben, wenn sie es nicht vom Verstand her nachvollziehen können. Thomas von Aquin geht der Frage in scholastischer Gründlichkeit in seinen *Quaestiones disputatae de veritate* nach (etwa: ›Erörterte Untersuchungen über die Wahrheit‹), ein Werk, das in der Übersetzung von Edith Stein 1.000 Seiten umfasst. Da findet man gleich in der 1. Quaestio, 1. Artikel ›Was ist Wahrheit?‹ den Satz:

> »Das erste Verhältnis (*comparatio*) des Seienden zum erkennenden Geist besteht also darin, dass das Seiende dem erkennenden Geist ent-

78 Übersetzung von Joseph Bernhart, 1. Band. Alfred Kröner Verlag, 2. Auflage Stuttgart 1938, Seite 142

spricht: Dies Entsprechen aber wird als Übereinstimmung der Sache und der Erkenntnis (*adaequatio rei et intellectûs*) bezeichnet; und darin bestimmt sich formaliter die Idee des Wahren (*in hoc formaliter ratio veri perfiditur*). Das also ist es, was das Wahre noch zum Seienden hinzufügt, nämlich die Gleichförmigkeit (*conformitas*) oder Übereinstimmung der Sache und des erkennenden Geistes; auf diese Gleichförmigkeit folgt, wie gesagt, das Erkennen der Sache.«[79]

Edith Stein fügt wenigstens die lateinischen Begriffe dazu. Zum Glück gilt der Satz von René Descartes in seinem Essay ›Von der Methode des richtigen Vernunftgebrauchs und der wissenschaftlichen Forschung‹ (*Discours de la Méthode*), den ich zur Erinnerung erneut zitiere:

»Der gesunde Verstand ist die bestverteilte Sache der Welt; denn jedermann glaubt, so wohl damit versehen zu sein, dass selbst einer, der in allen anderen Dingen nur sehr schwer zu befriedigen ist, für gewöhnlich nicht mehr davon wünscht, als er besitzt.«

Vielleicht ist dieser Zusammenhang auch der Grund, dass so viele meinen, die Wahrheit zu kennen. Aber die Wahrheit ist eben Ansichtssache …

Schauen Sie sich doch bitte einmal die nebenstehende Zeichnung an [leider ist mir die Quelle unbekannt]! Sehen Sie da eine elegante junge Dame oder eine ziemlich alte Frau? Auf die Betrachtungsweise kommt es an. Aber nicht nur auf die Betrachtungsweise, sondern auch auf die Formulierung, mit der man eine ›Wahrheit‹ ausdrückt.

---

79 Übersetzung von Edith Stein. Marix Verlag, Wiesbaden 2013, Seite 26 f. – Siehe in diesem Buch auch Seite 16, Fußnote 6.

Man möchte meinen, dass die Mathematik der Hort der Wahrheit sei, denn dort gibt es Axiome, auf denen mathematische Aussagen aufbauen, die man dann beweisen kann – oder auch nicht. Seit Kurt Gödel (1906-1978) seine Unvollständigkeitssätze aufgestellt hat, ist die Mathematik auch nicht mehr das, was sie einmal war oder zu sein glaubte.

›Sag die Wahrheit!‹ sagt sich so leicht. Im Soldatengesetz steht unter § 13, Ziff. 1 der anscheinend so klare Satz: »Der Soldat muss in dienstlichen Angelegenheiten die Wahrheit sagen.« Ungefragt? Wohl kaum. »Gestern beim Freigang war ich sturzbesoffen, und meine Gruppenführerin ist eine schikanöse Zicke« – dies kund zu tun, auch wenn es den Tatsachen entspricht, kann man von einem Rekruten sicher nicht verlangen.

Wenn es aber darum geht, eine Meldung zu machen, z.B. »Pistole ist geladen und gesichert«, oder auf Aufforderung einen Bericht zu erstatten, dann darf er nicht nur nicht lügen, sondern er darf auch Wichtiges nicht verschweigen. Das steht aber so explizit gar nicht im Soldatengesetz, ist aber aus anderen Pflichten abzuleiten.

Im Angestellten- oder Beamtenrecht ist das nicht so streng formuliert. Hier kommt es darauf an, ob durch eine Falschaussage ein Schaden hervorgerufen wird oder nicht. Genau genommen ist das Gebot zur Wahrheit bei den Zehn Geboten noch generöser: »Du sollst nicht falsch Zeugnis geben wider deinen Nächsten.« [Exodus, 20, 16] Ansonsten kann man – großzügig ausgelegt – lügen wie gedruckt. Es spielt hier allerdings der soziale Aspekt der Pflicht, die Wahrheit zu sagen, hinein. Alle die vielen langen Ausführungen der Philosophie über die ›Wahrheit‹ meinen also nur die Erkenntnis über die Wirklichkeit, bzw. über das, was ist, auch wenn man's nicht erkennen kann.

Lüge und Täuschung werden sogar im Tierreich beobachtet. Das Tarnen, Verbergen und Täuschen dient oft dem Selbstschutz und ist eine Vorsichtsmaßnahme. Das arabische Wort *taqiyya* [häufige Lautumschreibung, nach der IPA = International Phonetic Association *ta'qi:ja*] erlaubt es z.B. einem gläubigen Muslim, zum Zweck des Selbstschutzes (weil er sich fürchtet) oder zum Verbergen wahrer Absichten *taqiyya* auszuüben. Das Wort steht für ›Vorsicht, Verstellung, Geheimhaltung‹ und ist abgeleitet aus der Sure 3 (Die Sippe ›Imran‹)[80] Vers 28:

»Die Gläubigen sollen sich nicht die Ungläubigen anstatt der Gläubigen zu Freunden nehmen … Anders ist es, wenn ihr euch vor Ihnen wirklich fürchtet …« Vers 29: »Sag: Ihr mögt geheim halten, was ihr in eurem Innern hegt, oder es kundtun, Gott weiß es.«[81]

Zum Thema Lüge darf ich einige Zeilen des Meisters der pointierten Verse, Wilhelm Busch, anführen:

Wenn alles sitzen bliebe,
Was wir in Haß und Liebe
So voneinander schwatzen,
Wenn Lügen Haare wären,
Wir wären rauh wie Bären,
Und hätten keine Glatzen.

[aus ›Kritik des Herzens‹]

Kommt einer dann und fragt: Wie geht's?
Steht man gewöhnlich oder stets
Gewissermaßen peinlich da,
Indem man spricht: Nun, so lala!
Und nur der Heuchler lacht vergnüglich
Und gibt zur Antwort: Ei, vorzüglich!

[aus ›Balduin Bählamm‹ ,1. Kapitel]

Wilhelm Busch spricht auch die Lüge an, die als Mittel dient, anderen nicht weh zu tun. Man könnte das auch ›beruhigende Notlüge‹ nen-

80 Vgl. Hinweis bei Hamed Abdel Samad, Der Islamische Faschismus. Droemer, München 2014, Seite 158 f.

81 Übersetzung von Rudi Paret

nen. Auch zur Selbstverteidigung und Deeskalation kann sie ein taugliches Mittel sein. Nochmals aus der ›Kritik des Herzens‹:

Wer möchte diesen Erdenball
Noch fernerhin betreten,
Wenn wir Bewohner überall
Die Wahrheit sagen täten.

Ihr hießet uns, wir hießen euch
Spitzbuben und Halunken,
Wir sagten uns fatales Zeug,
Noch eh' wir uns betrunken.

Und überall im weiten Land
Als langbewährtes Mittel
Entsproßte aus der Menschenhand
Der treue Knotenknittel

Da lob' ich mir die Höflichkeit,
Das zierliche Betrügen.
Du weißt Bescheid, ich weiß Bescheid;
Und allen macht's Vergnügen.[82]

Es ist lange her, da habe ich als junger Leutnant zur See bei einer Party einer recht beleibten Dame, die meinte, damit auch noch kokettieren zu können, wohl ahnend, dass es mit ihrer Bildung nicht allzu weit her sei, gesagt: »Gnädige Frau« (verheiratet war sie auch noch!), »Sie sehen aus wie die Venus von Willendorf.« – »Ach, Sie Schmeichler!« war ihre Antwort. Umstehende Kameraden verließen den Ort des Geschehens fluchtartig.

Die berühmte Plastik aus der Steinzeit ist im Wiener Naturkundlichen

82 Busch-Zitate entnehme ich der Ausgabe ›Und die Moral von der Geschicht‹, eingeleitet mit einem Essay von Theodor Heuss, herausgegeben von Rolf Hochhuth – ausgerechnet! C. Bertelsmann Verlag, Gütersloh o.J.

Museum zu bewundern. Und – um der Wahrheit die Ehre zu geben – ganz so fett war die besagte, sich geschmeichelt fühlende Dame auch wieder nicht. (Vergleiche meine nachfolgende Zeichnung!)

Es stellt sich die Frage, habe ich da nun gelogen oder nicht? Rein sachlich gesehen war die Aussage richtig – na ja, *fast* richtig, aber ich hatte im vorhinein vermutet, dass die Dame nicht wusste, was es mit der Steinzeitfigur auf sich hatte – und prompt fühlte sie sich ja auch geschmeichelt. Um der Wahrheit willen hätte ich die Dame aufklären müssen, aber da wäre sie sicher eingeschnappt gewesen.

Man kann also durchaus einen anderen belügen, indem man geradeweg die Wahrheit sagt, insbesondere dann, wenn die Menschen ohnehin nur das hören, was sie hören wollen. »Ich glaube keiner Statistik, die ich nicht selbst gefälscht habe«, soll Winston Churchill einmal gesagt haben. Ein rhetorisches Meisterstück ist die Rede des Antonius: »... Begraben will ich Caesarn, nicht ihn preisen ... und Brutus ist ein ehrenwerter Mann ...« [Shakespeare, *Julius Caesar*, III, 2], in der das anfängliche Lob für Brutus ins Gegenteil verwandelt wird.

Schauen wir uns also im Nachfolgenden an, was andere zum Thema Wahrheit und Lüge gesagt haben:

Unbequem ist die Wahrheit allzumal: »Es ist fast unmöglich, die Fackel der Wahrheit durch ein Gedränge zu tragen, ohne jemanden den Bart zu sengen.«[83]

Ein serbisches Sprichwort sagt: »Rede wahr, aber dann sieh zu, dass du fortkommst.«[84]

Misstrauen ist allemal angebracht, wobei sich die Staaten – früher allgemein ›die Regierenden‹ – für viel Geld Nachrichtendienste halten, die sogenannte Aufklärung betreiben. Das Problem dabei ist, dass bereits beim Spion vor Ort ein Filterungsprozess stattfindet, anschließend auch bei den Auswertern in den Nachrichtenzentralen. Der Bericht wird dann aufbereitet zur Vorlage im Kabinett oder beim zuständigen Minister.

Carl von Clausewitz hat sich in seinem posthum erschienenen (und auch da von seiner Witwe schon gefilterten) Werk ›Vom Kriege‹ [im Buch I, Kap. 1, Ziff. 6 ›Nachrichten vom Kriege‹] dazu geäußert:

> »Mit kurzen Worten: die meisten Nachrichten sind falsch, und die Furchtsamkeit der Menschen wird zur neuen Kraft der Lüge und Unwahrheit.«

83 Georg Christoph Lichtenberg, Sudelbücher, Heft G, Nr. 13
84 Süddeutsche Zeitung, 23./24.8.1969

Wir verfangen uns rasch in Widersprüchen, was auch an unserer binären Logik liegen muss, am Satz vom ausgeschlossenen Dritten – man versuche dazu die Russellsche Antinomie zu begreifen. Das griechische Wort *antinomía* bedeutet ›Widerspruch des Gesetzes mit sich selbst‹. ›Keine Regel ohne Ausnahme‹ regt dagegen dazu an, nach der Ausnahme für diese Regel zu suchen. Umgedreht geht das schon widerspruchsfrei: ›Keine Ausnahme ohne (vorher aufgestellte) Regel.‹

Berühmt ist der Satz über die Kreter, die als Synonym für griechische Sophisten herhalten müssen: »Alle Kreter sind Lügner«, soll der als Prophet geltende Dichter Epimenides (ca. 6. Jhd. v. Chr.) gesagt haben. Der vollständige Vers lautet: »Alle Kreter sind Lügner, und der dies sagt, ist selbst ein Lügner.«[85] Der Hl. Paulus mokiert sich in seinem Brief an Titus (2, 12) ziemlich polemisch darüber. Ob ihm im Eifer des verbalen Gefechts da vielleicht der Witz entgangen ist?

Da gibt es eine nett konstruierte Geschichte: Ein Delinquent sollte durch Erhängen bestraft werden, wenn er die Wahrheit, durch Ersäufen, wenn er die Unwahrheit sage. Der Delinquent darauf: »Ich werde ersäuft.« Ob er sich so vor der Hinrichtung gerettet hat?

Es gibt allerdings Leute, auf die ein Ausspruch von Ferenc Molnár (1878-1952) zutrifft: »Er lügt so, dass nicht einmal das Gegenteil wahr ist.«[86]

Schlimm ist es, wenn eine Lüge zumindest ein bisschen Wahrheit enthält, so dass man zur Verteidigung gezwungen ist zu sagen: »Ja, aber …« Für die lieben Mitmenschen ist eben das Unangenehm-Negative interessanter als das Langweilig-Positive.

---

85 Anmerkung in Stuttgarter Neues Testament, Einheitsübersetzung, Katholische Bibelanstalt, Stuttgart, 5. Aufl. 2010, Seite 416

86 Mitgeteilt in Friedrich Thorberg, Die Tante Jolesch oder Der Untergang des Abendlandes in Anekdoten. dtv, München 1977

»Mer kann jo nit allens gläuve, wat mer su hööt,
enävver mer kann et wiggerverzälle«,

sagt ein kölscher Spruch, den ich als Wandspruch in einem Gasthaus angeschrieben gesehen habe. Für den, der eine Übersetzung braucht: »Man kann ja nicht alles glauben, was man so hört, aber man kann es weitererzählen.«

Marie von Ebner-Eschenbach (1830-1916) drückt es vornehmer aus: »Das Tüttelchen Wahrheit, das in mancher Lüge enthalten ist, das macht sie furchtbar.«[87] Von der anderen Seite her beleuchtet es Georg Christoph Lichtenberg: »Die gefährlichsten Unwahrheiten sind Wahrheiten mäßig entstellt.«[88]

François VI. Duc de La Rochefoucauld sagt es in seinen ›Maximen und Reflexionen‹ noch pessimistischer: »Die Wahrheit stiftet nicht so viel Gutes in der Welt, wie ihr Schein Böses.«[89] Es heißt zwar: »Lügen haben kurze Beine …«, ich möchte aber hinzufügen: »… deshalb sind sie auch oft so lange unterwegs.« Ich meine auch: »Die Wahrheit zu sagen, das ist keine Kunst; dass sie einem aber auch geglaubt wird, sehr wohl.« Denn: »Wahr scheinen wahrscheinlich oft nur die, die es verstehen den Schein zu wahren.«

William Blake (1757-1827) weist darauf hin, dass man auch mit dem Aussprechen einer Wahrheit Böses bewirken kann:

»A truth that's told with bad intent
Beats all the lies you can invent.«
(Eine in böser Absicht ausgesprochene Wahrheit
übertrifft alle Lügen, die du erfinden kannst.)[90]

87 Aus den Aphorismen
88 Sudelbücher II, Heft H, Nr. 24
89 Übertragung von Konrad Nußbächer, Reclam UB 678, Ziff. 64
90 ›Auguries of Innocence‹, mitgeteilt in: Merriam Webster Dictionary of Quotations, 1996 auf CD Infopedia

Der meines Erachtens nur gelegentlich zutreffende Spruch: »Wer einmal lügt, den glaubt man nicht, auch wenn er dann die Wahrheit spricht«, kann durchaus abgewandelt werden zu: »Wer dreimal lügt, dem glaubt man – nicht?«

Schön wäre es, wenn – siehe die Anmerkung über *Taqiyya* weiter oben – sich die Islamisten an den Vers 42 [Kufische Zählung] in der 2. Sure (›Die Kuh‹) halten würden: »Vermengt die Wahrheit nicht mit Nichtigem, und verbergt sie nicht, wo ihr doch Wissen habt.« [Übersetzt von Hartmut Bobzin. Rudi Paret übersetzt: »Und verdunkelt nicht die Wahrheit mit Lug und Trug (w. mit dem was nichtig ist), und verheimlicht sie nicht, wo ihr doch (um sie) wißt!« Max Henning übersetzt: »Und kleidet nicht die Wahrheit in die Lüge und verbergt nicht die Wahrheit wider euer Wissen.« (Henning zählt nach der Flügelschen Zählung: Vers 39) – Alleine aus diesen ausgewählten Übersetzungsvarianten wird schon deutlich, wie schwer es ist, eine Aussage über die Wahrheit von einer in eine andere Sprache hinüberzubringen.]

traduttore – traditore (Übersetzer – Verräter)

heißt ein italienischer Spruch.

Es gibt Lebenslagen, bei denen es besser ist, die Wahrheit für sich zu behalten. Für den Kriegsfall hat es Winston Spencer Churchill überspitzt so formuliert:

> »In wartime, truth is so precious that she should always be attended by a bodyguard of lies.«[91]

In den ›Aphorismen zur Lebensweisheit‹, Kapitel V, Lfd. Nr. 41, schreibt Arthur Schopenhauer:

---

91 Zitiert im Magazin TIME

»Wenn man argwöhnt, daß Einer lüge, stelle man sich gläubig: da wird er dreist, lügt stärker und ist entlarvt. Merkt man hingegen, daß eine Wahrheit, die er verhehlen möchte, ihm zum Theil entschlüpft; so stelle man sich darüber ungläubig, damit er, durch den Widerspruch provocirt, die Arriergarde der ganzen Wahrheit nachrücken lasse.«[92]

In der nachfolgenden Ziffer (42) lässt sich Schopenhauer über die Notwendigkeit der Verschwiegenheit aus und fügt am Ende »ein paar Arabische Maximen« an:

»Was dein Feind nicht wissen soll, das sage deinem Freunde nicht.«

»Wenn ich mein Geheimniß verschweige, ist es mein Gefangener: lasse ich es entschlüpfen, bin ich sein Gefangener.«

»Am Baume des Schweigens hängt seine Frucht, der Friede.«
[ebenda S. 216]

Ich glaube, dass vieles Übel vermieden werden könnte, wenn die Leute den Mund halten könnten da, wo Reden unangebracht ist. Der letzte Satz mit der Ziffer 7 im ›Tractatus logicophilosophicus‹ von Ludwig Wittgenstein (1889-1951) lautet:

»Wovon man nicht sprechen kann, darüber muss man schweigen.«

Eigentlich ist das eine Trivialaussage, und Wittgenstein hat das – unfreiwillig komisch? – unter der Ziffer 5.45 (letzter Satz) auch gesagt: »Alle Sätze der Logik sagen dasselbe. Nämlich nichts.« Und unter Ziffer 6.1: »Die Sätze der Logik sind Tautologien.« Da kann man dem, was der Tod zum Knaben im Bühnenstück ›Der Tod im Apfelbaum‹ von John James Osborne (1929-1994) sagt, nur zustimmen:

---

92 Ausgabe Reclam, UB 5002/3/3a, Seite 215

»Die Logik ist das armseligste, was der Mensch hat.«

Über den Wahrheitsgehalt von Theorien in der Wissenschaft kann man nur so weit denken, bis – was sich nach Karl R. Popper gehört – die Theorie falsifiziert oder bestätigt ist. Diesem Falsifikationskriterium hat sie sich zu stellen, sonst ist sie keine solide Wissenschaft. Der Theologe und Philosoph Friedrich Schleiermacher hat einmal über die Eifersucht das Wortspiel geprägt: »Eifersucht ist eine Leidenschaft, die mit Eifer sucht, was Leiden schafft.« Nach diesem Modell möchte ich allen denen, die zu wissenschaftsgläubig sind, ins Stammbuch schreiben: »Wissenschaft ist eine Glaubensmacht, die glauben macht, dass sie Wissen schafft.«

Seien wir doch ehrlich: Es braucht heute in den TV-Nachrichten bloß die Phrase zu fallen: »Nach wissenschaftlicher Untersuchung ...« oder »Experten haben festgestellt ...«, und schon wird es geglaubt. Wenn man nicht gerade selbst vom Fach ist, kann man ja gar nicht nachvollziehen, was da behauptet wird. Näheres dazu in Kapitel 2 dieses Buches über ›Glaube und Vernunft‹. Aber man kann nach dem Schopenhauerschen Rezept dem, der sich so wissenschaftlich sicher gibt, die Wahrheit aus der Nase ziehen.

Es gibt notorische Lügner, die deshalb so gut mit ihren Lügen ankommen, weil sie das, was sie da sagen, z.T. selbst glauben. Sie würden jeden Test am Lügendetektor glatt bestehen. Ich habe mehrere solcher Menschen kennengelernt, einmal einen Beamten, der, als ich ihm die Falschheit seiner Aussage nachwies, nur meinte: »Dann ist es eben nicht so.« Da er mit dieser seiner Lüge keinen ›schwerwiegenden Schaden‹ verursachte, konnte man ihm auch rechtlich – beamtenrechtlich! – nichts anhaben. Auf solche Leute, die sich selbst etwas zurechtlügen, vielleicht weil sie gelinde gesagt geistig ›etwas verwirrt‹ sind, passt der Ausspruch von Dieter Bohlen:

»Versuch doch mal einem Bekloppten zu erklären,
dass er bekloppt ist.«[93]

Man kann einem notorischen Lügner – und das bis hinauf in sogenannte hochkarätige Expertenkreise! – noch nicht einmal vorwerfen, dass sie lügen, so wie es Brakelmann zu seinem Kumpel in der TV-Serie ›Neues aus Büttenwarder‹ [Norddeutscher Rundfunk] sagt:

»Du weißt ja nich mal, wovon du keine Ahnung haben tust.«

Hat man einen notorischen Lügner vor sich, kann man sich auch nicht darauf verlassen, dass er immer lügt. Man brauchte ja sonst nur das Gegenteil von dem, was er gerade sagt, als wahr annehmen. Das Lügner-Paradoxon wäre damit entschärft, wenn man anstatt ›Alle Kreter sind Lügner‹ sagen würde: ›Kreter sind zumeist Lügner.‹

»Du magst so oft, so fein, als dir nur möglich, lügen:
Mich sollst du dennoch nicht betrügen.
Ein einzigmal nur hast du mich betrogen:
Das kam daher, du hattest nicht gelogen.«[94]

Wenn aber eine Sache ›gewusst‹ ist, also wahrgenommen worden ist, kann man sie nicht mehr so leicht aus der Welt schaffen. Man kann eine Wahrheit allenfalls verdrängen, zum ungeeignetsten Moment drängt sie sich dann doch wieder auf. Das ist das Betätigungsfeld für Psychiater seit Sigmund Freud.

»What we know, we cannot unknow«, schreibt Joseph Needham in ›Science and Civilisation in China‹.[95] Man kann eine einmal gemachte

---

93 mitgeteilt in: DIE WELT, 28.04.2012, Seite 8

94 Gotthold Ephraim Lessing (1729-1781), Sinngedichte. Entnommen aus Wilhelm von Scholz, Das deutsche Gedicht, Knaur, Berlin 1941, Seite 93

95 Vol. 5, Part 7, Military Technology, The Gunpowder Ethic. Cambridge University Press, 1986, Seite 471

Erfindung nicht mehr ›unerfinden‹, auch wenn man es gerne so hätte. Sei es das Schießpulver, sei es die Atombombe. Eine Erfindung kann allenfalls an Bedeutung verlieren, wie etwa die Armbrust oder der Rechenschieber. Auch Wahrheiten, die eine Zeitlang als solches mangels besserer Erkenntnis Bedeutung hatten, können diese verlieren. In einer Unsinns-Sendung des Bayerischen Rundfunks [›Der Fleckerlteppich‹ genannt, leider schon lange nicht mehr im Programm] fiel einmal der schöne Satz: »Ja, ja, das Kopernikanische Weltsystem: Jeder kennt's, aber wer lebt schon danach?«

Wir träumen und – so es böse Träume sind – hoffen wir, dass sie nicht wahr werden. Schon in der Bibel spielt die Traumdeutung eine Rolle, man denke an Josefs Deutung des Traumes des Pharao von den sieben fetten und mageren Kühen [Genesis, 41]. Seit Sigmund Freud hat die Traumdeutung einen wissenschaftlichen Anstrich bekommen. Wohlgemerkt: Anstrich, denn Freuds Datenfundus war recht mager und selektiv.

Bei Dschuang Dsi (in der Pinyin-Umschrift Zhuang Zi, ca. 360-280 v. Chr.) gibt es in ›Das wahre Buch vom südlichen Blütenland‹[96] eine schöne Geschichte:

## Der Schmetterlingstraum

> »Einst träumte Dschuang Dschou [in der Pinyin-Umschrift: *Zhuang Zou*], dass er ein Schmetterling sei, ein flatternder Schmetterling, der sich wohl und glücklich fühlte und nichts wusste von Dschuang Dschou. Plötzlich wachte er auf: da war er wieder wirklich und wahrhaftig Dschuang Dschou. Nun weiß ich nicht, ob Dschuang Dschou geträumt hat, dass er ein Schmetterling sei, oder ob der Schmetterling geträumt hat, dass er Dschuang Dschou sei, obwohl doch zwischen Dschuang

96 Übersetzung von Richard Wilhelm, Diederichs Gelbe Reihe, München 8. Auflage 1994, Seite 52

Dschou und dem Schmetterling sicher ein Unterschied ist. So ist es mit der Wandlung der Dinge.«

Man denkt unwillkürlich an Karl Valentins Ententraum, eine Szene aus ›Die Raubritter von München‹, bei dem er als Wachposten darüber sinniert, ob ihm von einem Wurm, den er im Traum als Ente beinahe gefressen hätte, schlecht werden könne oder nicht: »Ara Ant'n wird doch von an Wurm net schlecht, und i war ja a Ant'n…« Da sage noch einer, Karl Valentin sei nicht – auch – Philosoph gewesen, zum mindesten hier steht er gedanklich in einer Reihe mit Sokrates:

»Du hast doch wohl oftmals fragen hören, mit welchem Beweise man sich gegen einen helfen könnte, der uns fragte, ob wir jetzt in diesem Augenblicke schlafe und ob wir alle unsere Erinnerungen nur träumen, oder ob wir wachen und uns wachend unterhalten.«[97]

›Wie sag' ich's meinem Kinde?‹ ist ein häufig geäußerter Stoßseufzer, wenn man jemanden etwas Unangenehmes mitteilen muss. Das gilt im Kleinen genauso wie im Großen, z.B. in der Politik oder in der Wissenschaft. Menschen von einer vorgefassten oder eingeprägten Meinung abzubringen ist oft gar nicht so leicht. Basil Henry Liddell Hart (1895-1970) meint dazu in seiner ›Strategie‹[98]:

»Der Wahrheit werden sich stets Hindernisse entgegenstellen, besonders wenn sie in Form neuer Gedanken auftritt ... Man vermeide jeden Frontalangriff gegen althergebrachte Vorstellungen. Man versuche vielmehr, sie so von der Flanke anzugehen, dass die Wahrheit an der schwächsten Stelle einsickern kann. Doch bei jedem indirekten Vorgehen muss man sich davor hüten, von der Wahrheit abzuweichen.«

97 Zu Theätet im gleichnamigen Dialog Platons, Übersetzung von Otto Apelt. Felix Meiner Verlag, Leipzig, 4. Auflage 1944, Seite 56
98 ›Strategy‹. Übersetzt von Horst Jordan. Wiesbaden o.J., wohl um 1954, Seite 18

Die Zähigkeit, mit der Menschen an Vorurteilen und Täuschungen festhalten, gründet auch darin, dass man es ihnen gestattet. Homer Lea sagt dazu:

> »Niemals werden die Menschen leichter getäuscht, als wenn man ihnen gestattet, sich selbst zu täuschen.«[99]

In den Schriften des Generalfeldmarschalls Helmuth Graf von Moltke (1800-1891) habe ich das schöne Gegensatzpaar gefunden:

> »Auch die Sage knüpft sich an die Wirklichkeit, sie wurzelt in ihr, und die beiden Geistesrichtungen, der Durst nach Wahrheit und die Lust am Trug, schließen sich gegenseitig nicht aus.«
>
> [Moltke, Aufzeichnungen, Briefe, Schriften und Reden. Hrsg. von Peter Kurz, Langewiesche-Brandt, Ebenhausen bei München 1922, S. 158 – aus der Einleitung zu einem unvollendet gebliebenen Buch über die Umgebung von Rom (1845 und 1846)]

Die Frage nach Wahrheit, Unwahrheit oder Lüge ist eine Frage nach der Wortbedeutung. Mit einer Aussage über einen Gegenstand oder einen Vorgang geben wir ein Abbild, das wir jemand anderem mitteilen wollen – in Erwartung, dass der andere unsere Darstellung teilt.

»Das Bild ist ein Modell der Wirklichkeit« [Wittgenstein, Tractatus … Ziff. 2.12] und »Um zu erkennen, ob das Bild wahr oder falsch ist, müssen wir es mit der Wirklichkeit vergleichen« [ebd. Ziff.2.223] und weiter: »Die Welt ist die Gesamtheit der Tatsachen, nicht der Dinge« [ebd. Ziff. 1.1]. Wenn man sich durch die vielen Traktate über die Wahrheit hindurchwindet – fast bin ich geneigt zu sagen: hindurchschwindelt –, bekommt man den Eindruck, dass Worte und Begriffe munter durcheinanderpurzeln.

---

99 Homer Lea, Des britischen Reiches Schicksalsstunde. Mahnwort eines Angelsachsen. Übersetzt von Ernst von Reventlow. Verlag Mittler und Sohn, Berlin 1913, Seite 24

»Schüler: Doch ein Begriff muß bei dem Worte sein.

Mephistopheles: Schon gut! Nur muss man
sich nicht allzu ängstlich quälen;
Denn eben, wo Begriffe fehlen,
Da stellt ein Wort zur rechten Zeit sich ein.«

[Goethe, Faust I, Schülerszene]

Begriff kommt von be-greifen, und wie schön ist es doch, ein Kleinkind zu beobachten, wenn es mit großen Augen in die Welt blickt und mit den kleinen Händen nach dem, was es da sieht, greift, eben be-greift! Wahr ist, was man »ge-wahr« wird. Daraus wächst, was im Laufe des Lebens das, was man seine eigene Wirklichkeit nennen kann: die eigene kleine Welt.

Die große Welt, den Kosmos, genauso wie die ganz kleine Welt, den Mikrokosmos, können wir ohnehin nicht begreifen. Selektive Wahrnehmung ist auch erforderlich, wenn wir mit unserem begrenzten Fassungsvermögen noch klarkommen wollen. Wir können Aussagen beweisen, es gibt aber auch solche, bei denen wir das nicht können. Und dann gibt es wiederum Aussagen, von denen wir annehmen, dass wir sie *noch* nicht beweisen können, aber auch solche, die wir überhaupt nicht beweisen können. Auf den bedeutenden Mathematiker Kurt Gödel (1906-1978) habe ich weiter oben schon hingewiesen.

Wer sich in den Verstrickungen der Logik verfängt, in der fälschlichen Annahme, dass er damit die Wahrheit erfasse, wird dabei wohl kaum glücklich. Gödels tragischer Lebensverlauf ist ein Musterbeispiel dafür. Er war gegen Ende seines Lebens paranoid. Verkrampfter Wahrheitssuche fehlt oft eines: Humor.

Ich kann zum Schluss der Versuchung nicht widerstehen, einen Schüttelreim anzubringen – ungelogen: Eigenprodukt!

»Man braucht sich nicht in einem fort zu winden,
um schließlich nur das rechte Wort zu finden.
Man braucht sich nicht mit jedem Satz zu plagen;
Die *Wahrheit* gilt's, am rechten Platz zu sagen!
Doch den, der Wahrheit zu vermeiden, löge,
*Den* Schurken nimmermehr man leiden möge!«

# 8. Schlussfolgerung – zurück zu Adam und Eva

Ich wurde zu dieser kleinen Gedankensammlung angeregt durch die Enzyklika ›Fides et Ratio‹ von Papst Johannes Paul II. an die Bischöfe der Katholischen Kirche über das Verhältnis von Glaube und Vernunft, vom 14. September 1998. Vermutlich hat da Joseph Card. Ratzinger mitgeschrieben. Ich hatte mir dann vorgenommen, Erläuterungen für den Laien einzufügen, samt einem Vorwort ›Einführung von einem Laien für Laien‹ (jetzt Teile des Kapitels 2, Seite 16ff.). Ich schickte das Opusculum 2007 an das Erzbischöfliche Ordinariat in München und erhielt schon vier Wochen später ein anerkennendes Schreiben von Friedrich Card. Wetter.

Die Anregung, das Thema jetzt wieder aufzugreifen, erfolgte durch das Buch von Peter Blank, ›Alles ganz von selbst?‹ (Christiana-Verlag, Kißlegg 2018) und durch ein Interview des Redakteurs Manfred Dworschak mit der Physikerin Sabine Hossenfelder (Der Spiegel, Nr. 24 vom 9.6.2018, Seite 103 bis 105). Des Weiteren durch Edward Fesers ›Der letzte Aberglaube‹[100], der allerdings weniger auf die Widersprüche bezüglich der Wahrscheinlichkeitstheorie als vielmehr auf Dawkins' mangelhafte Kenntnis der Philosophie von Aristoteles bis Leibniz – oft in drastischen Formulierungen – hinweist, was mich dazu anregte, mich auch mit Dawkins zu beschäftigen.

Sokrates soll nach der ›Apologie des Sokrates‹ (Platon) gesagt haben: »Jener glaubt etwas zu wissen, weiß aber nichts; ich weiß zwar auch

100 Eine philosophische Kritik des Neuen Atheismus. Editiones scholasticae, Band 25, Heusenstamm 2012. Übersetzung aus dem Amerikanischen

nichts, glaube aber auch nichts zu wissen«[101], was meist verkürzt mit »Ich weiß, dass ich nichts weiß« wiedergegeben wird.

Ich bin nicht so bescheiden und sage: »Ich weiß, dass ich zwar nicht alles weiß, aber ein bisschen schon.« Wagner, der Famulus des Faust, sagt: »Mit Eifer hab' ich mich der Studien beflissen; / Zwar weiß ich viel, doch möcht' ich alles wissen.«

Ich ergänze: »Der Liebe Gott weiß alles, es gibt aber Leute, die wissen alles besser.« Und zu letzteren möchte ich diejenigen zählen, die glauben, die Welt ohne Gott erklären zu können.

Wir kleinen Menschlein sollten uns die Größenordnungen vor Augen halten. Der Name unserer Milchstraße kommt aus dem Altgriechischen: *galaxias*, wovon sich ›Galaxie‹ (für alle Spiralnebel) ableitet, und rührt daher, dass Hera den Herakles säugte und dabei Milch über den Himmel verspritzt wurde.

Die nachfolgende Abbildung ist nach den neuesten Forschungsergebnissen konstruiert. Unsere Sonne ist 25.000 bis 28.000 Lichtjahre (also grob 25 Billionen km) vom Zentrum entfernt. Und die Milchstraße ist nur eine unter den vielen Galaxien im Weltraum. Auf dem Foto kann man die Sonne im Kreuzungspunkt 90° – 270° mit der Senkrechten 0° finden.[102]

Wir Menschen leben also in einem klitzekleinen Teil des Weltalls, auf einem Planeten, dessen atomare und molekulare Zusammensetzung und seine Entfernung vom Zentralgestirn Leben überhaupt erst ermöglicht. Gerade groß genug, um eine Atmosphäre halten zu können. Dazu stabilisiert der Mond die Erdachse soweit, dass sich auch höhere Lebensformen herausbilden konnten, denn sonst würde der Globus ins

101 Habe ich aus den ›Geflügelten Worten‹ von Georg Büchmann abgeschrieben. (F.W. Peters Verlag, Berlin-West 1962/1974)

102 https://de.wikipedia.org/wiki/Milchstraße

Taumeln geraten und könnte niemals über einen ausreichend langen Zeitraum stabile Klimaverhältnisse ermöglichen. Das Leben entstand wohl im Meer, erst durch die Gezeiten konnte der Übergang von Lebewesen aus dem Meer an Land überhaupt erfolgen.

*Unsere Sonne auf der Linie 90°–270°*

Das Originalbild wurde 2008 von NASA/JPL-Caltech veröffentlicht.
Bildautor: R. Hurt/Bildquelle: www.wikipedia.de

Ich muss nun doch bei Adam und Eva beginnen: Adam ist das Wort für ›Mensch‹, wird in den Übersetzungen zum Teil aber auch als Name des ersten Menschen genannt. Eva hat die Bedeutung ›Lebende, Lebendige, Lebenspendende‹. Adam in der Bedeutung ›Mensch‹ kommt im Alten Testament ca. 530mal vor; ›Eva‹ als Name lediglich zweimal, nämlich in Genesis 3,20 und 4,1 (vgl. Wikipedia-Artikel, siehe Literatur/Quellen).

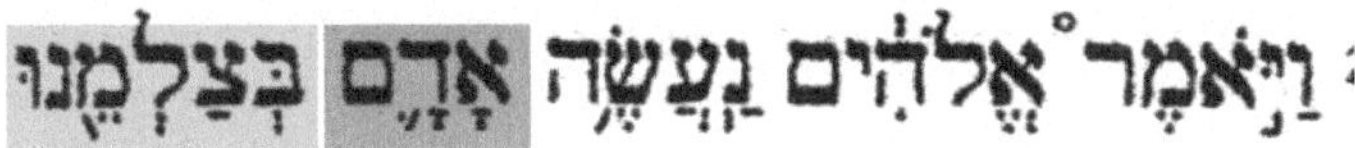

Zunächst einmal Genesis 1,26:

Lies etwa: *wa omær Elohim na-asæ(h)* ***adam*** *b'tsalme(n'v?)*

(V) *& ait: Faciamus* **hominem** *ad imaginem & similitudinem nostrum*

(EÜ) Dann sprach Gott, lasst uns **Menschen** machen als unser Abbild…

(L) Und Gott sprach: Lasset uns **Menschen** machen, ein Bild, das uns gleich sei …

(NWÜ) Weiter sagte Gott: Wir wollen (Lasst uns) **Menschen** machen in unserem Bild, die uns ähnlich sind …

(R) Und Gott sprach: Lasset uns **Menschen** machen / als unser Bild nach unserm Gleichnis! …

(E) Und Gott sprach: Lasst uns **Menschen** machen in unserem Bild, nach unserem Gleichnis[103] …

Angesichts der Erkenntnisse der Evolutionslehre ist es unwahrscheinlich, dass Adam so gut rasiert aussah, wie ihn Michelangelo in der Sixtinischen Kapelle darstellte. Man muss sich sein Erscheinungsbild

103 hebr. Adam: Von Erde (hebr. Adama: Erdboden). Das hebräische Wort dient als Eigenname, als Bezeichnung für einzelne Menschen und für den Menschen an sich.

wohl eher zwischen dem *homo habilis* und dem *homo erectus* vorstellen.

»Die Art *homo sapiens* gehört zur Familie *Menschenartige (Hominiden)*, einem Zweig der Primaten.« Das sagt meine Brockhaus-Enzyklopädie von 1971. Es beginnt mit den *Ramapithecinen* des Tertiärs, denen die *Australopithezinen* Süd- und Ostafrikas folgten. Diesen schloss sich vor ca. 2 Millionen Jahren der *homo habilis* an, er besaß ein größeres Gehirn und nutzte bereits Steinwerkzeuge.

»Wenig später« folgte der *homo erectus* – er war am Körper weniger behaart und konnte wohl schon mit Feuer umgehen, er breitete sich von Afrika bis Europa aus. Dann kamen der *homo Neandertalensis* und parallel dazu der *homo sapiens*, wohl vor 190.000 Jahren. Bei beiden sind bereits Waffengebrauch und spezialisierte Werkzeuge, erste Höhlenmalereien und Musikinstrumente nachgewiesen. Vor 35.000 Jahren starben die Neandertaler aus.

Von einem Tag auf den anderen erschuf Gott den Menschen sicher nicht. Aber für Gott sind 1.000 Jahre wie ein Tag, wie man es im Psalm 90, Vers 4 und im 2. Petrusbrief, Kap.3,8 nachlesen kann, und auf drei bis sechs Zehnerpotenzen mehr oder weniger kommt es in der Erdgeschichte und bei Gott nicht an.

Das alles muss vor dem Augenblick, als der Mensch vom Baum der Erkenntnis gegessen hatte, gewesen sein. In der Reihe der Primaten setzte die Vernunft oder Intelligenz, die bereits zum Gebrauch von Werkzeugen verhalf, schon eher ein. Diese Vernunft ist vermutlich auch nicht mit der Erkenntnis von Gut und Böse gleichzusetzen.

Genesis 1,27:

27 וַיִּבְרָא אֱלֹהִים ׀ אֶת־הָאָדָם
בְּצַלְמוֹ בְּצֶלֶם אֱלֹהִים בָּרָא אֹתוֹ זָכָר וּנְקֵבָה בָּרָא אֹתָם׃

(V) *Et creavit Deus* ***hominem ad imaginem suam****: ad imaginem Dei creavit illum,* ***masculum & feminam*** *creavit eos.*

(EÜ) »Gott schuf also den **Menschen als sein Abbild, als Abbild Gottes** schuf er sie. Als **Mann und Frau** schuf er sie.«

(R) »Gott schuf den **Menschen als sein Bild**. / **Als Gottes Bild schuf er ihn.** / Er schuf sie als **Mann und Weib**.«

Die anderen deutschsprachigen Bibelübersetzungen lauten ähnlich.

Wenn man sich allerdings die Menschheit aus der geschichtlich überlieferten Zeit ansieht, können einem schon Zweifel kommen, dass die Menschen ein Abbild Gottes seien. Ich habe eher den Eindruck, dass sich die Menschen ihr Gottesbild nach eigenem Geschmacksempfinden zurechtgebastelt haben.

Wie sollte man sich auch den Verursacher aller Dinge vor dem Big Bang vorstellen? *Si comprendis – non est Deus.* – »Wenn du es verstehst, dann ist es nicht Gott«, sagt Augustinus von Hippo (sermo 52,16). Man kann es nicht oft genug sagen …

Weiter geht es mit Genesis 2,7:

(V) *Formavit igitur Dominus Deus hominem de limo terræ, & inspiravit in faciem ejus spiraculum vitæ, facitus est homo in animam viventem.*

(EÜ) »Da formte Gott, der Herr, den Menschen aus Erde vom Ackerboden und blies in seine Nase den Lebensatem. So wurde der Mensch zu einem lebendigen Wesen.« (ähnlich bei L)

(E) »Und Gott der Herr bildete den Menschen, Staub vom Erdboden, und hauchte in seine Nase den Odem des Lebens; und der Mensch wurde eine lebendige Seele.«

(NWÜ) »Jehova Gott bildete dann den Menschen aus Staub vom Erdboden und blies den Lebensatem in seine Nase, und der

Mensch wurde ein lebendes Wesen.« (Oder ›Seele; Person‹, hebr. *néphesch*, was wörtlich ›atmendes Geschöpf‹ bedeutet.) Die drei letzten Wörter sind zu lesen etwa: *adam l'næfæsch chaja(h)* = Mensch/das Leben (was das Leben ausmacht, Seele, Atem, Körper und weitere Bedeutungen (vgl. PONS, S. 214)) / lebendig, lebend, stark, frisch, gesund (PONS, S.92).

Genesis 5,1-2 – hier wird bereits eine Geschlechterfolge aufgezeigt.

7 וַיִּיצֶר יְהוָה אֱלֹהִים אֶת־הָאָדָם
עָפָר מִן־הָאֲדָמָה וַיִּפַּח בְּאַפָּיו נִשְׁמַת חַיִּים וַיְהִי הָאָדָם לְנֶפֶשׁ חַיָּה׃

(V) 1: *Hic est liber generationis Adam. In die qua creavit Deus hominem, ad similitudinem Dei fecit illum.*

2: *Masculum et feminam creavit eos, & benedixit illis: & vocavit nomen eorum Adam, in die quo creati sunt.*

(EÜ) »Das ist die Liste der Geschlechterfolge nach Adam: Am Tag, da Gott den Menschen erschuf, machte er ihn Gott ähnlich. Als Mann und Frau erschuf er sie, er segnete sie und nannte sie Mensch an dem Tag, da sie erschaffen wurden.«

Nun, so ganz stimmt das nicht mit der vorherigen Passage in Genesis 2,7 überein, denn eigentlich wurde nur Adam aus dem Erdenstaub erschaffen, Eva wurde dann aus der Rippe Adams geformt. Die Sache mit dem Erdenstaub ist in der Tat eine vieldeutige Passage!

Das Wort עָפָר *'afar* (vgl. hebräisches Zitat oben, 2. Zeile rechts) bedeutet: Staub, Erdreich, Boden, Dreck, Schutt (PONS S. 249) – auch nicht gerade schmeichelhaft, zumal nach den Kenntnissen der Evolution selbst die Reihe der Primaten ja nur der letzte Teil in der Kette der Lebewesen, beginnend mit den Bakterien ist. Nun, von den

Verfassern der Genesis konnte man die Kenntnisse der heutigen Biologie nicht erwarten, und da sind wir wieder beim Begriff der Erkenntnis, von deren Baum Adam ja nicht essen durfte.

Je tiefer die naturwissenschaftliche Forschung mit immer aufwändigeren Gerätschaften nachbohrt, desto unlösbarer werden die Fragen. Der Gründer des Baryon-Antibaryon-Symmetrie-Experiments BASE am CERN in Genf, der Physiker Stefan Ulmer, hat nach dem Vergleich der Massen von Protonen und Antiprotonen auf elf Stellen nach dem Komma erklärt: »Wir haben keinen Unterschied zwischen Protonen und Antiprotonen gefunden, der die Existenz von Materie im Universum erklären könnte.«

Materie und Antimaterie müssten sich gegenseitig auslöschen. »Das müsste auch beim Urknall passiert sein – ist es aber nicht, denn wir existieren ja. – Die Frage ›warum existieren wir?‹ kann die moderne Physik noch nicht beantworten.« (dpa – Passauer Neue Presse, 6.1.2022, S.18).

Und »… so darf man das Warum die Mutter aller Wissenschaften nennen«, um nochmals Arthur Schopenhauer zu zitieren. (Er wiederholt sich ja selbst in ›Über die vierfache Wurzel des Satzes vom zureichenden Grunde‹ (1. Kapitel, Einleitung, § 4 und nochmals aufgegriffen in § 51). Wenn man also nicht einmal weiß, woher עָפָר *'afar*, der Staub kommt, wie soll man dann wissen, wie die ganze Welt entstanden ist?

Ursprünglich im Garten Eden hätten wir nach Genesis 2, 15 ja da ganz gut zurechtkommen können.

Vom Baum der Erkenntnis zu essen hat uns also nicht genützt. Vielleicht findet man die Erklärung in Genesis 2,15-17, dem Verbot, vom Baum der Erkenntnis von Gut und Böse zu essen …

15 וַיִּקַּח יְהוָה אֱלֹהִים אֶת־הָאָדָם וַיַּנִּחֵהוּ בְגַן־עֵדֶן לְעָבְדָהּ וּלְשָׁמְרָהּ׃
16 וַיְצַו יְהוָה אֱלֹהִים עַל־הָאָדָם לֵאמֹר מִכֹּל עֵץ־הַגָּן אָכֹל תֹּאכֵל׃
17 וּמֵעֵץ הַדַּעַת טוֹב וָרָע לֹא תֹאכַל מִמֶּנּוּ כִּי בְּיוֹם אֲכָלְךָ מִמֶּנּוּ מוֹת

(V) 15: *Tulit ergo* **Dominus Deus** *hominem, & posit eum in paradiso voluptatis, ut operaretur & custodiret illum.*

16: *præceptique ei dicens: Ex omni lingo paradise comede:*

17: *De lingo autem scie ciæ boni & mali ne comedas. In quocumque die comederis ex eo, morte morieris.*

(EÜ) »15: Gott, der Herr, nahm also den Menschen und setzte ihn in den Garten von Eden, damit er ihn bebaue und hüte.

16: Dann gebot Gott, der Herr, dem Menschen: von allen Bäumen des Gartens darfst du essen,

17: doch vom Baum der Erkenntnis von Gut und Böse darfst du nicht essen, denn sobald du davon isst, wirst du sterben.«

(E) »15: Und Gott der HERR nahm den Menschen und setzte ihn in den Garten Eden, ihn zu bebauen und ihn zu bewahren.

16: Und Gott der HERR gebot dem Menschen und sprach: Von jedem Baum des Gartens darfst du nach Belieben essen;

17: aber vom Baum der Erkenntnis des Guten und Bösen, da von sollst du nicht essen; denn an dem Tag, da du davon isst, musst du sterben.«

(R) »15: Der Herr Gott nahm also den Menschen / und setzte ihn in Edens Garten, / daß er ihn bebaue und pflege. /

16: Und der Herr Gott gebot den Menschen und sprach: / Von allen Bäumen im Garten darfst du nach Belieben essen.

17: Nur von dem Baum, der Gutes und Böses kennen lehrt, darfst du nicht essen. / Sobald du von ihm issest, bist du des Todes.«

(NWÜ) »15: Jehova Gott nahm den Menschen und ließ ihn im Garten Eden wohnen. Er sollte ihn bebauen und pflegen.

16: Jehova Gott gab dem Menschen auch folgendes Gebot: »Du darfst von jedem Baum im Garten essen, bis du satt bist.

17: Aber vom Baum der Erkenntnis von Gut und Böse darfst du nicht essen, denn an dem Tag, an dem du davon isst, wirst du ganz bestimmt sterben.«

(J) In der japanischen Übersetzung steht:

善悪の知識の木 *zenaku no chishiki no ki* = ›Baum der Kenntnis (das Wissen) des Guten-Bösen‹. Das ist umfassender als ›Erkenntnis‹ – nur bei Rößler klingt die allgemeinere Bedeutung »Baum, der Gutes und Böses kennen lehrt« an.

Bei dem Wort הַדַּעַת (lies etwa: *ha-da'ath*) steckt der Kern ידע dahinter, das im PONS S. 120 eine ausführliche Erörterung der möglichen Bedeutungen erfährt. »Das Wort bezeichnet das dem Gegenstand der Betrachtung entgegengebrachte adäquate Erkennen, das vollständige und angemessene Erfassen seiner Beschaffenheit. Das wirkliche Wahrnehmen eines Gegenübers kann auch sexuelle Erfahrung einschließen, und so ist das in Übersetzungen oft zu findende *Da erkannte er sie* oder *sie hatte noch keinen Mann erkannt* kein Euphemismus oder Kennzeichen einer prüden sexuellen Grundhaltung, sondern im Gegenteil Ausdruck eines ganzheitlichen, die Sexualität miteinschließenden Menschenbildes.«

Auch im Hebräischen und Aramäischen Handwörterbuch von Wilhelm Gesenius (Springer-Verlag, Berlin Heidelberg 2013, 18. Auflage, Seiten 441-444, wird allein schon durch den Umfang der Eintragung (gut fünf Textspalten!) die Bedeutungsbreite des Begriffs ›Erkenntnis‹ ersichtlich. In der Konkordanz zum Hebräischen Alten Testament (Deutsche Bibelgesellschaft, Stuttgart 1993, Seiten 572-580) werden ca. 1.200 Belegstellen angegeben!

In einem kurzen Abschnitt 5 bei Gesenius wird auf den sexuellen Hintergrund hingewiesen (Verweis auf Gen. 4,1.17.25 und Gen. 24.16 u.a.).

Dort liest man:

**4** [1] וְהָאָדָם יָדַע אֶת־חַוָּה אִשְׁתּוֹ וַתַּהַר וַתֵּלֶד אֶת־קַיִן וַתֹּאמֶר
קָנִיתִי אִישׁ [a]אֶת־יְהוָה[a]׃

(V) *Adam vero cognovit uxorem suam Evam, quæ concepit & peperit Caïn, dicens possedi hominem per Deum.*

(EÜ) »Adam erkannte Eva, seine Frau, sie wurde schwanger und gebar Kain. Da sagte sie: ich habe einen Mann vom Herrn erworben.«

(R) »Und der Mensch erkannte sein Weib Eva. / Sie empfing und gebar Kain. / Da sprach sie: / Ich gab wie der Herr einem Mann das Leben.«

(L) »Und Adam erkannte sein Weib Eva, und sie ward schwanger und gebar den Kain und sprach: Ich habe einen Mann gewonnen mit Hilfe des HERRN.«

So auch in vier anderen mir bekannten deutschen sowie in der englischen und der spanischen Übersetzung. In meiner japanischen Bibel steht:

アダムは妻エバを知った。

*(adamu wa tsuma eba wo shitta. – shiru* = wissen, Kenntnis nehmen …). Lediglich DIE BIBEL – Neue-Welt-Übersetzung, übersetzt nach der revidierten New World Translation 2013, (Wachtturm Bibel- und Traktat-Gesellschaft, Selters/Ts. 2018) schreibt: »Adam hatte nun sexuelle Beziehungen mit seiner Frau Eva …«.

Interessant wird das beim Blick ins Neue Testament. Dort steht bei

Lukas 1, 34: »Maria sagte zu dem Engel: Wie soll das geschehen, da ich keinen Mann erkenne?« Im griechischen Original *ou ginôskô*, in der Vulgata *non cognosco*. Lediglich in der Neue-Welt-Übersetzung steht: »Wie soll das geschehen? Ich habe doch keine sexuellen Beziehungen mit einem Mann.« Das klingt recht merkwürdig, denn es ist kaum vorstellbar, dass die junge Frau solch einen deutlichen Ausdruck verwendet hat. Maria sprach aber wohl Aramäisch oder Hebräisch, und da dürfte die variable Deutung des Begriffs ins Spiel kommen. Gab es da doch eine hebräisch-aramäische Urfassung des Lukas-Evangeliums?

Das Wort für sexuelle Beziehungen ist im Ivrit, dem modernen Hebräisch: יַחֲסֵי־מִין (lies: *'jachas-min*). יַחֵם kommt in der Genesis 30, 38ff vor und bezieht sich auf brünstige Schafs- und Ziegenböcke, mit denen Jakob als List gegen Laban Zuchtauswahl betrieb.

(E) »Und der Mensch erkannte Eva, seine Frau, und sie wurde schwanger und gebar Kain; und sie sprach: Ich habe einen Mann erworben mit dem HERRN.«

(J) さて、アダムは妻エバを知った。
(*sate, Adam wa tsuma Eva wo shitta.* ...) Das Verb shiru bedeutet ›erfahren, kennen, wissen‹.

Auch hier bei der Neue-Welt-Übersetzung wieder abweichend:

(NWÜ) »Adam hatte nun sexuelle Beziehungen mit seiner Frau Eva und sie wurde schwanger. Als sie Kain zur Welt brachte, sagte sie: ›Ich habe mit der Hilfe Jehovas einen Sohn geboren.‹«

Der Vergleich der Übersetzungen zeigt nicht nur auf, wie schwierig das Geschäft des Übersetzers sein kann, wenn man den letzten Absatz mit Bezug auf Gott vergleicht. Aber auch hier ist die Wortwahl ›sexuelle Beziehungen‹ zwar von der Sache her richtig, aber meines Erachtens trifft es nicht den Ton des hebräischen Wortes יָדַע (lies: *jada'*) = ›wissen, erkennen‹.

Sicher ist, unter dem Baum der Erkenntnis hat dieser Vorgang nicht mehr stattgefunden, denn Adam und Eva waren da bereits aus dem Paradies vertrieben! Als sie noch im Garten Eden waren, heißt es bei Genesis 2, 25:

25 וַיִּהְיוּ שְׁנֵיהֶם עֲרוּמִּים הָאָדָם וְאִשְׁתּוֹ וְלֹא יִתְבֹּשָׁשׁוּ׃

(EÜ): »Beide, Adam und seine Frau, waren nackt, aber sie schämten sich nicht voreinander.«

Nach dem Sündenfall, als sie auf Anraten der Schlange doch vom Baum der Erkenntnis gegessen hatten, ist unter Genesis 3,7 zu lesen:

7 וַתִּפָּקַחְנָה עֵינֵי שְׁנֵיהֶם וַיֵּדְעוּ כִּי עֵירֻמִּם

(EÜ) »Da gingen beiden die Augen auf, und sie erkannten, dass sie nackt waren.«

(NWÜ) »Darauf gingen den beiden die Augen auf, und ihnen wurde bewusst, dass sie nackt waren.«

Und mit dieser Vieldeutigkeit für die Konsonantenfolge יָדע im Zusammenhang mit dem Baum der Erkenntnis könnte man die Übereinstimmung der biblischen Erzählungen mit den modernen Erkenntnissen der Evolutionslehre zurechtkommen. Tierische Intelligenz kann man sogar schon vor den Primaten beobachten einschließlich z.B. dem Gebrauch von Werkzeugen, wie etwa bei den Rabenvögeln, aber eine Bewusstwerdung ist das noch nicht. Und damit auch nicht die Abwägung, ob das gut oder böse sei.

Mir stellt sich aber die Frage: Hat Adam seine Eva wirklich schon geliebt? Es wäre ja notwendigerweise die ›erste Liebe‹ gewesen, auf die

Friedrich Schillers Vers »o dass sie ewig grünen bliebe, die schöne Zeit der jungen Liebe« zuträfe (›Das Lied von der Glocke‹).

Wie in der deutschen Sprache ist das Wort ›Liebe‹ auch im Hebräischen mehrdeutig: **אַהֲבָה** *(ʻahava)*, und die schiere Konsonantenfolge **אהבה**, als die ursprünglich das Alte Testament ja überliefert ist (ohne Masoretische Punktation) ist es gar. Erstmalig taucht der Begriff in Bezug auf die Liebe zwischen Mann und Frau in der Genesis 24,67 auf:

67 וַיְבִאֶהָ יִצְחָק הָאֹהֱלָה [a]שָׂרָה אִמּוֹ[a] וַיִּקַּח אֶת־רִבְקָה וַתְּהִי־
לוֹ לְאִשָּׁה וַיֶּאֱהָבֶהָ וַיִּנָּחֵם יִצְחָק אַחֲרֵי אִמּוֹ[b]׃

(V) *Qui introduxit eam in tabernaculum Saræ matris suæ, & accepit eam uxorem; & in tantum dilexit eam, ut dolorem, qui ex morte matris eijus acciderat, temperaret.*

Bei den meisten Übersetzungen steht: »… er gewann sie lieb, …«, mir gefällt die bei (E) am besten: »Und Isaak führte sie in das Zelt seiner Mutter Sara, und er nahm Rebekka und sie wurde seine Frau, und er hatte sie lieb. Und Isaak tröstete sich nach dem Tod seiner Mutter.« Die Geschichte Genesis 24,61-67 ist wahrlich eine Geschichte von Liebe auf den ersten Blick.

Die weite Spanne des Begriffs ›Liebe‹ wird deutlich, wenn man vom griechischen *éros* über die fürsorgliche *agápæ* bis zur wohlwollenden, freundschaftlichen *philía* schreitet, oder im Lateinischen die Auswahl zwischen amor, *carītas, piētas, cupidītas* und dem Begriff *diligere* hat.

Bei Leviticus 19, 18 kommt die Nächstenliebe ins Spiel:

18 [a]לֹא־[b]תִקֹּם[ac] וְלֹא־תִטֹּר אֶת־בְּנֵי עַמֶּךָ וְאָהַבְתָּ לְרֵעֲךָ כָּמוֹךָ אֲנִי יְהוָה׃

(V) *Non quæras ultionem, nec memor eris injuriæ civium tuorum. Diliges amicum tuum sicut teipsum. Ego Dominus.*

(EÜ) »An den Kindern deines Volkes sollst du dich nicht rächen und ihnen nichts nachtragen. Du sollst deinen Nächsten lieben wie dich selbst. Ich bin der Herr.«

רֵעַ (lies: ›réa‹) = Freund, Kamerad, Genosse, Nächster, Mitmensch, Nachbar, Partner, Landsmann. Das ist eine weite Bedeutungsspanne (vgl. PONS, S. 311), רע ohne Masoretische Punktation kann aber auch ›Übel, Unglück, schlecht‹ bedeuten (vgl. Genesis 2,17).

In der Bergpredigt (Matthäus 5, 43-44) bezieht sich Jesus auf diese Forderung aus Leviticus, verlangt aber »liebet eure Feinde (*diligite inimicos vestros,* griechisch: *agapâte tous echtroùs*). Das ist die fürsorgliche *agápæ*.

Auf die Frage, was als Richtschnur für das ganze Leben dienen könnte, antwortete Konfuzius: »Wie wäre es mit gegenseitigem Verstehen? Was dir selbst unerwünscht ist, füge auch keinem anderen zu!« Das ist die berühmte Goldene Regel.[104]

Im Original sieht das so aus: 其恕乎。己所不欲、勿施於人。 (lies [Pinyin Transkription]: qǐs-hù-hū yǐ-suǒ-bù-yú wù-shī-yū-ren). Konfuzius lebte 551-479 v. Chr. Der Grundgedanke, sich in die Situation des anderen, also auch ggf. des Feindes zu versetzen, hat also durchaus einen praktischen Wert, der übrigens in der ›Kunst des Krieges‹ von Sunzi (lebte um ca. 500 v. Chr.) wiederholt anklingt.[105] Das Zitat, wörtlich übersetzt: »Kenne den Anderen, kenne dich, hundert Kämpfe, keine Gefahr.«

**知彼知己百戦不殆** (lies: *zhī bǐ zhī jǐ bǎi zhàn bù dài*)

---

104 Konfuzius, Gespräche des Meisters Kung (Lun Yü) XV,23,. Übersetzt von Ernst Schwarz. dtv klassik, München [6]1994, Seite 108

105 孫子兵法 **Sūn Zǐ Bīng Fǎ** = ›Meister Sun's Regeln über die Wehrhaftigkeit‹, Kap.III.

Bei Levitikus (Kapitel 18 bis 20) findet man detailliertere Anweisungen für das Sozialverhalten der Menschen, wie sie sich aus den Zehn Geboten ableiten. Und dort findet man auch das Verbot von unbotmäßigen sexuellen Beziehungen. Der Ausdruck *'erva* in der Bedeutung ›Blöße, Scham, Unzucht‹ kommt dort ca. 30mal vor. Mit ›Liebe‹ und ›Erkenntnis‹ hat das nichts zu tun.

**דַּעַת** *da'at* hat viele Bedeutungen, wie man nachstehend sehen kann: Im Buch der Sprichwörter (Sprüche), 13,16 steht:

16 כָּל־עָרוּם יַעֲשֶׂה בְדָעַת וּכְסִיל יִפְרֹשׂ אִוֶּלֶת׃

*i'velet ← j'fros ← v'k'sil ← v'**da'at** ← 'asah ← arum-kal*

(so in etwa zu lesen – hier einmal die Leserichtung angedeutet)

(V) *Astutus omnia agit **cum consilio**, qui autem fatuus est, aperit stultitiam.* (Der Listige (Verschlagene, Schlaue) handelt in allem mit Einsicht (Überlegung, Rat, Klugheit, Einsicht, List, Kriegslist u.a.m.), wer aber töricht ist, macht Dummheit offenbar.)

(EÜ) »Der Kluge tut alles **mit Überlegung** / der Tor verbreitet nur Dummheit.«

(NWÜ) »Ein kluger Mensch **weiß, was** er tut, der Unvernünftige dagegen zeigt seine Dummheit.«

(E) »Jeder Kluge handelt **mit Bedacht**; ein Tor aber breitet Narrheit aus.«

(L) »Ein Kluger tut alles **mit Vernunft**. Ein Tor aber stellt Narrheit zur Schau.«

(R) »Ein kluger Mann **verkleidet** alles so **geschickt**; / der Tor dagegen spricht die nackte Wahrheit aus.«

Wenn man sich die Übersetzungsvarianten ansieht, wird erneut deutlich, wie schwierig die Kunst der Übersetzung von einer Sprache in die andere ist. Die Sprachverwirrung nach dem Turmbau zu Babel (Gen. 11) lässt grüßen.

Die **hervorgehobenen Wörter** sind Übersetzungsvarianten des hebräischen **בְּדַעַת** und das ist das, was am Baum der Erkenntnis hängt! Martin Luthers Übersetzung ›Vernunft‹ lässt einen angesichts dessen, wie sich der Mensch mittlerweile auf unserem Globus zur Schau stellt, unwillkürlich an die Kritik des Mephisto (Goethe, Faust I, Prolog im Himmel) denken:

> »Ein wenig besser würd' er leben,
> Hättst du ihm nicht den Schein
> des Himmelslichts gegeben;
> Er nennt's **Vernunft** und braucht's allein,
> Nur tierischer als jedes Tier zu sein.«

*Sapiens* = ›einsichtig, klug, verständig‹ ist der Mensch meines Erachtens auch heute noch nicht immer, bzw. er demontiert sich allmählich selber.

Die Gigantomanie auch z.B. beim Bau immer höherer Wolkenkratzer oder im Ausbau des weltweiten Internets, das sich wie ein Krebsgeschwür über den Globus verbreitet hat, lässt erhebliche Zweifel daran aufkommen, dass der Mensch nach dem Genuss der verbotenen Frucht wirklich schlauer geworden sei.

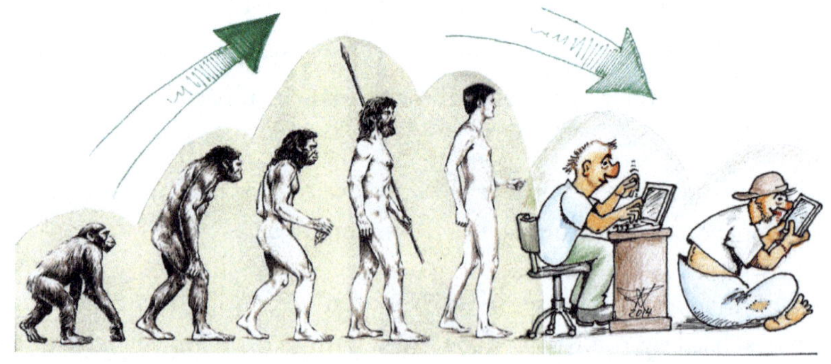

Ganz im Gegenteil, seit der Entwicklung vom *homo erectus* über den *homo sapiens* und *homo laptopis* bis zum *homo smartphoniensis* scheint mir sogar eher ein kollektiver Abstieg eingesetzt zu haben. Man könnte die über die Erde wuchernde Informationsverbreitung in ihren Auswirkungen nicht als ›soziales Netzwerk‹, sondern eher als ›asoziales Geflecht mit der negativen Folge chaotischer Schwarmintelligenz‹ bezeichnen. Da rächt es sich eben, dass Adam und Eva vom Baum der Erkenntnis genascht haben. Das muss dann wohl verfaulendes Fallobst, eben Sündenfallobst, gewesen sein.

Unwillkürlich denke ich da an Sodom und Gomorra (Gen. 19 und Jes. 1,9-10), das in Bezug auf die Berliner Szene in den 20er Jahren des letzten Jahrhunderts Alfred Kerr (1867-1948) als »**Saudumm** und Gomorra« persiflierte. Schon einmal zeigte sich Gott mit den Menschen höchst unzufrieden (Gen. 6,6), aber zumindest ließ er Noah die Arche bauen, um ihn die Sintflut überleben zu lassen. Hoffentlich wird der HERR angesichts dessen, was wir mittlerweile auf und mit unserem Globus anstellen, nicht wieder so ungnädig!

Mathematik und Logik sind ja nicht gerade eine Domäne des Humors – ein Witz zeichnet sich zumeist ja gerade durch einen Bruch in der Logik aus. Man möge es mir aber verzeihen, dieses ernste Thema mit einem Reim, den ich mir auf die Frage der Erkenntnis mache, und einer Karikatur abzuschließen. Ein bisschen Spaß sollte uns schon vergönnt sein bei aller ernsten Wissenschaftlichkeit – oder?

ASTRONOMIE
EDV
MEDIZIN
THEOLOGIE
BIO
CHEMIE
PHYSIK
MATHE
PHILOSOPHIE
?
AUA!
PFLÜCKEN
VERBOTEN!
אלהים
SEI NICHT SO
EMPFINDLICH!
2022

Die Eva auf die Schlange hört,
hat dann den Adam flugs betört.
Was einfach blanke Neugier war:
Es hat das erste Menschenpaar
von der verbot'nen Frucht genascht,
war von Erkenntnis überrascht.
Viel ist da leider nicht verblieben.
Vom Paradies ward es vertrieben
und kraucht jetzt in der Welt herum
und fragt sich nur: »Wozu? Warum?«
Erst Newton, dem gescheiten Tropf,
dem fiel der Apfel auf dem Kopf;
er fand darauf die Antwort schon:
»Das ist die Gra-vi-ta-ti-on!«
Es liegt an der ›Kausalität‹!

Zum Denken ist es nie zu spät!

# 9. Positiver Ausblick

Ich möchte meine Ausführungen über die Ursachen in unserer Welt aber nicht mit dieser pessimistischen Betrachtung enden lassen. Im 2. Kapitel habe ich das Staunen eines Physikers erwähnt (vgl. Seite 28), und dort den Anfang des Wessobrunner Gebets zitiert. Das soll ein schöner, Mut einflößender Ausklang dieser kleinen Schrift sein.

Die Handschrift des im Kloster Wessobrunn aufgefundenen Codex, in der Bayerischen Staatsbibliothek unter der Signatur Clm (*Codex latinus monacensis*) 22053 aufbewahrt, ist vermutlich um 800 n. Chr. entstanden. Auf Blatt 65$^{verso}$ und 66$^{recto}$ ist unter der Überschrift ›De Poeta‹ das Gebet aufgezeichnet, der erste überlieferte Text in althochdeutscher (bayerischer) Sprache mit eingestreuten Anglizismen. Der erste Teil (bis *cot heilac* gehend) ist in Stabreimen geschrieben, der Rest in Prosa. Die letzten vier Zeilen der rechten Seite sind wieder lateinisch verfasst, wie auch sonst der ganze Codex.

Das Faksimile, die Lautumschrift und die Übersetzung habe ich der vom Kath. Pfarramt St. Johannes der Täufer, Wessobrunn herausgegebenen Schrift im Kunstverlag Josef Fink, Lindenberg, 2. Auflage 2001 entnommen.

Das Ganze ist aber auch mit ausführlichen Erklärungen über https://de.wikipedia.org./wiki/Wessobrunner_Gebet abrufbar.

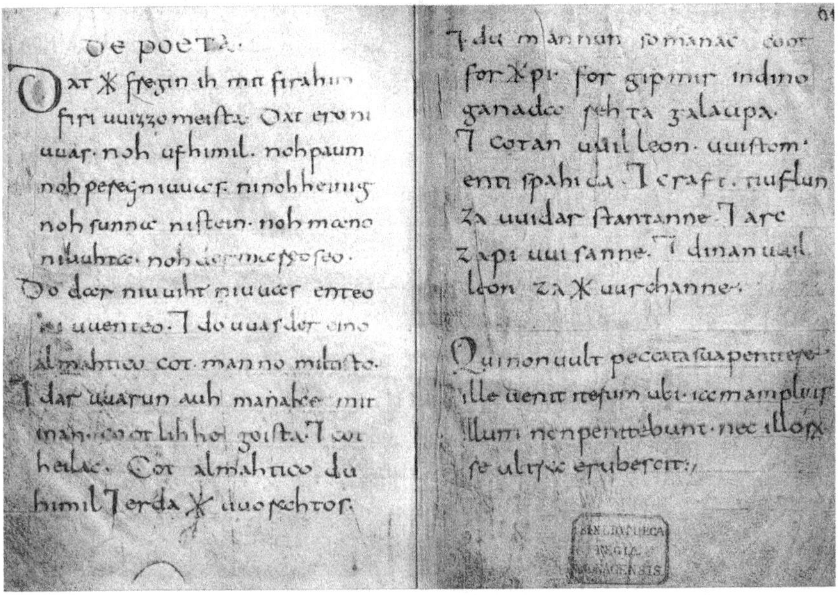

*De poeta*
*dat gafregin ich mit firahim*
*firiuuizzo meista. Dat ero ni*
*uuas, noh ufhimil, noh paum*
*noh peregni uuas, ni (...) nohheinig*
*noh sunna ni scein, noh mano*
*ni liuhta,no der mereo seo.*
*Do dar niwwiht ni uuas, enteo*
*ni uuenteo. Enti do uuas der eino*
*almahtico cot, manno miltisto.*
*Enti dar uuarun auh manake mit*
*inan cootlihhe gaista. Enti cot*
*heilac. Cot almahtico, du*
*himil enti erda gauuorahtos,*

*enti du mannun so manac coot*
*forgapi for gip mir in dino*
*ganada rehta galaupa,*
*enti cotan uuilleon, uuistom,*
*enti spahida enti craft, tiuflun*
*za uuidar stantanne enti arc*
*za piuuisnne, enti dinan uuilleon*
*za gauurchanne.*

*Qui non uult peccata sua penitere/*
*ille uenit iterum ubi iam amplius/*
*ill(or)um non penitebunt, nec illo(?)/*
*se ultra erubescit.*

Der Stern steht für die Vorsilbe ga-, das Zeichen ๅ steht für *enti*, und das doppelte *uu* ist als w zu lesen.

Die Übersetzung ins Hochdeutsche lautet:

»(Etwas) Vom Dichter:
Das erfuhr ich bei den Menschen/
als das erstaunlichste Wissen: dass die Erde nicht war/
noch das Firmament, weder Baum (…) noch Berg, kein (Stern)/
und auch die Sonne nicht schien, noch der Mond leuchtete/
und auch das herrliche Meer nicht war. Als da nichts existierte/
an Enden und Wenden, da war der eine/
allmächtige Gott, das freigebigste aller Wesen, /
und bei ihm waren viele herrliche (gute) Geister/
und Gott (ist?) heilig …

Gott, allmächtiger, der du Himmel und Erde erschaffen
und den Menschen so viel Gutes gegeben hast,
gewähre mir in deiner Güte rechten Glauben und guten Willen,
Weisheit und Klugheit und Kraft, dem Teufel zu widerstehen
und das Böse zu meiden und deinen Willen zu (er)wirken.

Wer seine Sünden nicht bereuen will,
der kommt dorthin, wo sie ihn nicht mehr
reuen können und sie ihn
nicht länger erröten lassen.«

Kann man es überhaupt schöner sagen? Die Alliterationen im Stabreim sind durchaus zu erkennen: *Dat … / noh… / Enti…* Das Gedicht könnte fast ein nachgereichter Psalm sein. Eine ähnliche Kunstform, nämlich die des Akrostichon (Abecedarium) kommt auch in 23 Psalmen vor, in denen Buchstaben des hebräischen Alphabets der Reihe nach jeweils am Beginn einer Verszeile stehen. In den Bibelübersetzungen wird das nicht ›herübergebracht‹, bei einigen wird immerhin darauf hingewiesen. Es wäre allerdings auch schwierig nachzuvollziehen.

Den Psalm 111, ›Ein Preislied auf die Heilstaten des HERRN‹, möchte ich in Martin Luthers Übersetzung nachstehend vorstellen. Es ist ein Spiel mit der Sprache, die Gedanken ausdrückt, wenn man sich einen Reim darauf macht.

**111** קיא

1 הַלְלוּ יָהּ
(א) אוֹדֶה יְהוָה בְּכָל־לֵבָב
(ב) בְּסוֹד יְשָׁרִים וְעֵדָה׃
2 (ג) גְּדֹלִים מַעֲשֵׂי יְהוָה
(ד) דְּרוּשִׁים לְכָל־חֶפְצֵיהֶם׃
3 (ה) הוֹד־וְהָדָר פָּעֳלוֹ
(ו) וְצִדְקָתוֹ עֹמֶדֶת לָעַד׃
4 (ז) זֵכֶר עָשָׂה לְנִפְלְאֹתָיו
(ח) חַנּוּן וְרַחוּם יְהוָה׃
5 (ט) טֶרֶף נָתַן לִירֵאָיו
(י) יִזְכֹּר לְעוֹלָם בְּרִיתוֹ׃
6 (כ) כֹּחַ מַעֲשָׂיו הִגִּיד לְעַמּוֹ
(ל) לָתֵת לָהֶם נַחֲלַת גּוֹיִם׃
7 (מ) מַעֲשֵׂי יָדָיו אֱמֶת וּמִשְׁפָּט
(נ) נֶאֱמָנִים כָּל־פִּקּוּדָיו׃
8 (ס) סְמוּכִים לָעַד לְעוֹלָם
(ע) עֲשׂוּיִם בֶּאֱמֶת וְיָשָׁר׃
9 (פ) פְּדוּת שָׁלַח לְעַמּוֹ
(צ) צִוָּה־לְעוֹלָם בְּרִיתוֹ
(ק) קָדוֹשׁ וְנוֹרָא שְׁמוֹ׃
10 (ר) רֵאשִׁית חָכְמָה יִרְאַת יְהוָה
(ש) שֵׂכֶל טוֹב לְכָל־עֹשֵׂיהֶם
(ת) תְּהִלָּתוֹ עֹמֶדֶת לָעַד׃

**Halleluja!**
Ich danke dem HERRN von ganzem Herzen /
*im Rate der Frommen und der Gemeinde.*

Groß sind die Werke des **HERRN**; /
wer sie erforscht, der hat Freude daran.

*Was er tut, das ist herrlich und prächtig,* /
und *seine Gerechtigkeit bleibt ewiglich.*

*Er hat ein Gedächtnis gestiftet seiner Wunder,* /
der gnädige und barmherzige **HERR**.

Er gibt Speise denen, die ihn fürchten; /
er gedenkt ewig an seinen Bund.

Er läßt verkündigen seine *gewaltigen Taten*
seinem Volk, / daß er ihnen gebe das
*Erbe der Heiden.*

Die Werke seiner Hände sind *Wahrheit und*
*Recht; / alle seine Ordnungen sind beständig.*

Sie stehen fest für *immer und ewig;* / sie sind
*recht und verläßlich.*

Er sendet eine Erlösung seinem Volk; er
verheißt, daß sein Bund ewig bleiben soll. /
*Heilig und hehr ist sein Name.*

Die Furcht des **HERRN** ist der Weisheit
Anfang. Klug sind alle, die danach tun. /
*Sein Lob bleibet ewiglich.*

In Luthers Übersetzung klingen daktylische Passagen an, er hat hier also auch poetische Anklänge übernommen. Meines Erachtens nach zum Teil sogar schöner als Paul Rießler. Wenn auch nicht wortgetreu, so konnte ich doch bei meiner wenigstens sinngemäßen Nachdichtung die daktylischen Passagen aus Luthers Übersetzung übernehmen, in der ich versuche, die Daktylen (lang – kurz – kurz) möglichst durchgehend zur Geltung zu bringen:

**A**m Herzen liegt mir, meinem HERRN nur zu danken,
**B**eim Rate der Frommen und in der Gemeinde.
**C**harisma zeigen die Werke des HERRN;
**D**er sie erforscht, der hat Freude daran.
**E**R, was er tut, das ist herrlich und prächtig;
**F**ürderhin bleibt die Gerechtigkeit ewig.
**G**edächtnis gestiftet hat ER seiner Wunder
**H**ERR, der so gnädig, barmherzig uns ist.
**I**hnen, die fürchten, die Speisen ER spendet,
**J**enen gedenkt ER im ewigen Bund.
**K**ündet dem Volk von gewaltigen Taten,
**L**ässt ihm den Anteil am Erbe der Heiden.
**M**it seinen Händen schafft Wahrheit und Recht ER;
**N**ur seine Ordnungen all sind beständig.
**O**h, immerdar stehen fest sie und ewig;
**P**feiler, das sind sie, verlässlich und recht.
**Q**uell der Erlösung ist ER für sein Volk.
**R**ichtig verheißt ER: MEIN Bund währet ewig.
**S**ieh doch, wie heilig und hehr ist sein Name.
**T**ief in der Furcht liegt der Anfang der Weisheit,
**U**nendliche Weisheit, die Weisheit des HERRN!
**V**oll sind der Klugheit, die handeln danach,
**W**enn dies geschieht, bleibet ewig sein Lob.

Für X, Y und Z hat's nicht mehr gereicht. Das liegt daran, dass das hebräische Alphabet, wie man an den im Bild des hebräischen Textes an den in Klammer gesetzten Zeichen (Spalte rechts vom Text) sehen kann, nur 22 Zeichen aufzeigt, wobei nur das Zeichen שׂ für *sin*, aber nicht שׁ für *shin* im Text vorkommt (vorletzte Zeile), das deutsche Alphabet aber 26 Zeichen hat. Die von Luther übernommenen Passagen sind in der Gegenüberstellung leicht zu erkennen, von mir grau markiert.

Zusammenfassend möchte ich im Zusammenhang mit den vorherigen Betrachtungen einmal selbst ein solches Abecedarium ausprobieren:

**A**m Anfang stand der Schöpfungsakt.
**B**egreifen können wir das kaum.
**C**hronologie ist oft vertrackt,
**D**as ist der Philosophen Traum.
**E**rhaben wachsen Zeit und Raum,
**F**inal wird's sicher irgendwann.
**G**edanken, Träume sind oft Schaum.
**H**ält dieser Schöpfungsakt mal an?
**I**m Inneren die Welt bewegt
**J**edoch ein rätselhaftes Sagen:
**K**aum hat der Urknall sich gelegt,
**L**öst die Physik die ganzen Fragen?
**M**uss man's begreifen also dann ?
**N**ur was sind Quantensprünge in der Tat?
**O**h wüsste ich das Wie und Wann!
**P**unktum: »E ist gleich m mal c-Quadrat.«[106]
**Q**uer durch den Weltraum wirket schon,

106 $E = m \cdot c^2$ : Einsteins Formel aus der Relativitätstheorie

**R**aumübergreifend ist es möglich,
**S**chwer wirkt die Gravitation
**T**otal durchdringend, selbstbeweglich.
**U**nfassbar scheint das uns zu sein.
**V**ernunft versagt – ich armer Tor!
**W**arum? als Frage fällt mir ein:
**»X** für ein U macht man mir vor?«
**›Y**es‹ oder ›No‹ denkt man binär,
**Z**umeist denkt man nur ›ungefähr‹.

Kommen wir auf die zwei Fragen im Titel dieses Buches zurück:

Was haben das ›Warum?‹ und das ›Wozu?‹ mit der Zeit zu tun? Ganz einfach: Das ›Warum?‹ ist die Frage nach der Ursache, und diese ist zeitlich eben vorher im Raum zu verorten – wenn man sie denn überhaupt finden kann.

Das ›Wozu?‹ blickt aber in die Zukunft, liegt also in der Zeit danach.

Man kann sich ja gut und gerne etwas Zeit zum Nachdenken nehmen und dazu möchte ich erst den folgenden moralisierenden Schüttelreim einfügen.

Wir denken oft nur **z**eilen**w**eit:
»Mög'st du doch nur ver**w**eilen, **Z**eit!«
Nur angstvoll **z**itternd gar nichts **w**agen?
Nur Unrat **w**itternd schier ver**z**agen?
Es wäre gut, den Neid zu zähmen,
Dafür sich öfters **Z**eit zu **n**ehmen.

Wem der Gesichtskreis **w**eit **g**ezogen,
Nur dem ist auch die **Z**eit **g**ewogen.

Ich konnte es mir nicht verkneifen – Warum? Aus Spaß an der Schüttelreimerei.

> Ich habe das er**d**acht – **w**arum?
> Mein Witz ist aufge**w**acht – **d**arum!

# 10. Zeit zum Nachdenken

Walther von der Vogelweide (* um 1170, † um 1230) gilt als der bedeutendste Lyriker des deutschen Mittelalters. Seine Verse befassen sich aber auch mit damals virulenten politischen Themen. Sein bekanntestes Gedicht – zumeist werden sogar nur die ersten sieben Zeilen zitiert – ist eines von den drei ›Reichssprüchen‹, die um 1200 entstanden sind. Es »zählt zur ersten großen politischen Dichtung in deutscher Sprache« (J. Schaefer). Hier wird der Einklang mit Gottes Gnade für das weltliche Gut und weltliches Ansehen eingefordert.

Der erste Spruch beinhaltet die Klage über das Missverhältnis irdischer Güter zum Segen Gottes.

Der zweite Spruch beklagt die Kämpfe im Reich: *sô wê dir, tiuschiu zunge, wie stâht din ordenunge!* – (*tiuschiu zunge:* Teil des Reiches, in dem die deutsche Sprache Gerichtssprache bei den Reichstagen war): »So wehe dir, du Land der deutschen Sprache, wie steht es um deine Ordnung!«

Im dritten Spruch beklagt er die Missstände in der Kirche: *ze Rôme hôrte ich liegen…* – »In Rom hörte ich, wie man log…« – Irgendwie muten diese beiden Sprüche fast so an, wie wenn's heute wäre.

Die Zeichnung auf der vorhergehenden Seite dieses Buches habe ich angefertigt nach der Prämisse des Sir John Falstaff: *tutto nel mondo è burla* – alle Welt ist Narretei. Warum soll nicht auch der weise Narr, der gerade im Mittelalter bei Hofe oft eine wichtige beratende Rolle spielte, nachdenken dürfen?

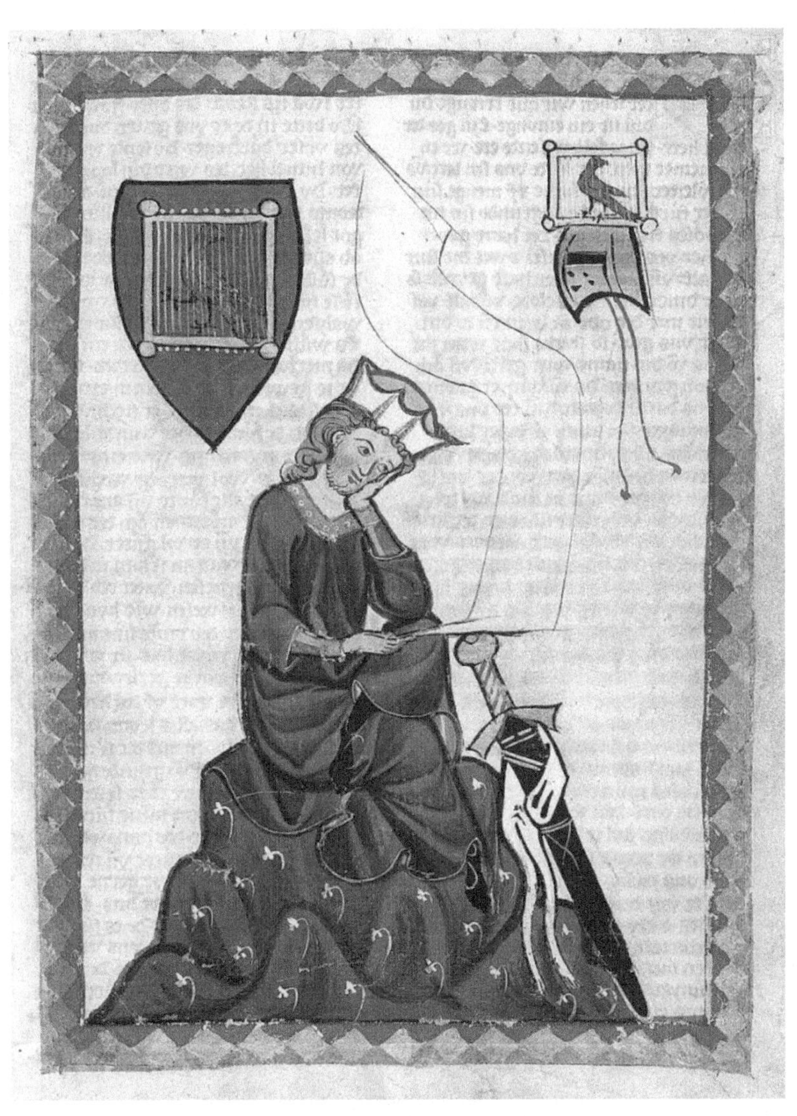

*Walther von der Vogelweide*
*Aus der großen Heidelberger Liederhandschrift*
*Codex Manesse, Blatt 124 recto, um 1300*

Ich saz ûf eime steine,
und dahte bein mit beine,
dar ûf satzt ich den ellenbogen;
ich hete in mîne hant gesmogen
daz kinne und ein mîn wange.
dô dâhte ich mir vil ange,
wie man zer welte solte leben;
deheinen rât kond ich gegeben,
wie man driu dinc erwurbe,
der keines niht verdurbe.
diu zwei sind êre und varnde guot,
daz dicke ein ander schaden tuot;
das dritte ist gotes hulde,
der zweier übergulde.
die wolte ich gerne in einen schrîn.
jâ leider, desn mac niht sîn,
daz guot und weltlich êre
und gotes hulde mêre
zesamene in ein herze komen.
stîg unde wege sint in benomen:
untriuwe ist in der sâze,
gewalt vert ûf der strâze:
fride unde reht sint sêre wunt.
diu driu enhabent geleites niht,
diu zwei enwerden ê gesunt.

## Glossar zum nebenstehenden Text:

| | |
|---|---|
| dahte | Präteritum von decken. – ich deckte Bein mit Bein = ich schlug ein Bein über das andere, Wortstamm von ›Dach‹. |
| dâhte | Präteritum von denken. |
| satzte | Präteritum von setzen. |
| ange | eng; mit ängstlicher Sorgfalt. |
| dehein | irgendein; hier ›kein‹. – der deheines niht: deren irgendeines nicht = deren keines jemals. |
| varndiu guot | bewegliche (wörtlich: fahrende) Güter. |
| übergulde | was mehr gilt (wert ist). |
| mac | kann. – des en-mac niht sîn: das kann nicht sein = das ist unmöglich. |
| sâze | Hinterhalt. Die Sasse ist ein natürliches Weghindernis, abgelegen zwischen den Dörfern in Wald oder Wiesen, eine Wegverengung in einer Mulde oft mit einer Pfütze, in der die Wagenräder der Reisenden gerne im Schlamm versanken, insbesondere wenn es gerade geregnet hatte. Daher nutzten insbesondere Diebe diese Sassen, um Handelsreisende zu überfallen. |
| vert | fährt = zieht dahin. |
| fride unde reht | Friede und Recht (Formel beim Gelöbnis der deutschen Könige). |
| geleites | des Geleit(schutz)es. |
| diu zwei enwerden ê gesunt; | ehe die zwei nicht gesund würden (Konjunktiv). |

Für diesen Spruch dient hier die ›Kleine Heidelberger Liederhandschrift‹ als Vorlage. Dass der als Erster Reichsspruch bezeichnet wird, hängt mit seiner Bekanntheit zusammen und damit, dass er die Vorlage für das Bild Walthers in den Handschriften abgab; es bedeutet aber nicht, dass Walther ihn als ersten gedichtet haben muss. Er könnte auch abschließend – als letzter – entstanden sein.

Ich habe unter Anlehnung an zwei Übersetzungen (vgl. Greshake, von Scholz und Wikipedia) folgende Übertragung versucht, die sowohl den Sinn als auch den Vers abbilden soll:

Ich saß auf einem Stein
das linke auf dem rechten Bein.
Darauf setzt' ich den Ellenbogen,
hab' in der Hand mein Haupt gewogen
und hielt das Kinn, die Wange.
So dachte ich so bange,
wie man zur Welt könnt' leben.
Konnt' keinen Rat mir geben,
drei Ding sich zu erwerben,
dass keines mag verderben.
Die zwei davon sind Gut und Ehr,
die schaden sich oft gar zu sehr;
das dritte wäre Gottes Segen,
den beiden andern überlegen:
Ich hätt' sie gerne alle drein,
doch leider kann es so nicht sein.
Dass Güter und der Welten Ehre
gemein mit Gottes Gnad' sich mehre,
zusammen sich ins Herze lege;
Verkommen sind da Steg und Wege;
die Untreu liegt im Hinterhalt,
und auf den Straßen herrscht Gewalt,
der Friede und das Recht sind wund,
den dreien fehlt das recht' Geleite,
solange beides nicht gesund.

Der berühmte ›Denker‹ von Auguste Rodin sitzt auch auf einem Stein, hat zwar die Beine nicht übereinandergeschlagen, aber den Ellenbogen aufgestützt und sein Kinn ruht auf der rechten Hand. Vielleicht denkt er über dieselben Probleme nach wie seinerzeit Walther von der Vogelweide.

Ein Professor für Mathematik an der TU Hannover meinte, wenn er nur einige Stichpunkte zur Beweisführung vortrug: »Wenn Sie lange genug nachdenken, werden Sie schon draufkommen.« Und auch wenn man auf einem Stein sitzt wie weiland Walther von der Vogelweide, mag dies gelten, denn es gibt ein schönes japanisches Sprichwort:

石の上にも三年居れば温まる。

*ishi no ue ni mo sannen oreba attamaru*

»Drei Jahre auf einem Stein hocken, dann wird's auch warm.«

Und was das Denken in Gedichtform anlangt, hat der ›schlesische Schwan‹ Friederike Kempner (1836-1904), eine Meisterin unfreiwilliger Komik in der Poesie, es auf den Punkt gebracht:

O wißt ihr, was ich denke?
O nein, ihr wißt es nicht!
Wenn ich mich ganz versenke,
dann denk' ich ein Gedicht.

Der Gründer der IBM, Thomas J. Watson, wählte als Wahlspruch Think! Es gibt Think-Tanks, Denkfabriken – na ja, denkste! Wilhelm Busch hat gesagt:

»Dumme Gedanken hat jeder, nur der Weise verschweigt sie.«

Darum höre ich jetzt lieber mit meinem Denken, Reimen und Fragen nach der Kausalität auf.

## Literatur/Quellen zu Kapitel 10

Greshake, Gisbert & Weismayer, Josef (Hrsg.), Quellen geistlichen Lebens: Das Mittelalter. Matthias Grünewald Verlag, Ostfildern 2008 (darin der Literaturhinweis auf Schaefer, J., Walther von der Vogelweide. Darmstadt 1972)

Von der Leyen, Friedrich & Wapnewski, Peter (Hrsg), Deutsches Mittelalter. Insel Verlag, Frankfurt/M, 3. Aufl. 1980

Voetz, Lothar (Hrsg.), Codex Manesse. Wissenschaftliche Buchgesellschaft, Darmstadt 2017

Wikipedia, Stichworte: ›Walther von der Vogelweide‹, ›Reichston‹

Wilhelm von Scholz (Hrsg), Das deutsche Gedicht. Th. Knaur Nachf. Verlag, Berlin 1941

# Quellen- und Literaturverzeichnis

Die Quellen, bzw. die Literatur, aus denen zitiert wird, sind vorwiegend in den Fußnoten, gelegentlich aber auch unmittelbar hinter dem Zitat angegeben. Bei den Bibelzitaten habe ich zum Teil die nebenstehenden Abkürzungen verwendet. Die original hebräischen Zitate habe ich der Biblia Hebraica Stuttgartensia entnommen. Da diese aber genauso über das Internet (mit englischer Parallelübersetzung) abrufbar sind, und ich auch zum Vergleich die Evangelische Deutsche Original-Bibel von 1741 (Original in der Hebräischen Universität Jerusalem. Reprint 1986, Eva Berndt Verlags GmbH, Berlin) heranziehen konnte, dürfte das Copyright nicht von mir verletzt worden sein. Die Autoren des Alten Testaments sind außerdem alle über mehr als 70 Jahre tot.

## Zur Lautumschrift:

Die Lautumschrift des Hebräischen habe ich für den deutschsprachigen Leser vereinfacht. Die richtige Aussprache zu treffen, dürfte für den des Hebräischen Unkundigen ohnehin schwierig sein. Soweit ich die richtige Lautumschrift nicht in den Lexika finden konnte, habe ich versucht die Masoretische Punktation umzusetzen. Hier habe ich dann *Lies in etwa* vorangesetzt.

Im modernen Hebräisch wird zumeist keine Punktation vorgenommen – der Hebräer weiß aus dem Zusammenhang, was gemeint ist. Würde man im Deutschen nur die Konsonanten niederschreiben, wäre es mit der Verständlichkeit nicht mehr weit her. ›blbt‹ könnte z.B. ›belaubt, beliebt, belobt, beleibt, belebt‹ bedeuten!

Im Langenscheidt wird die Umschrift der Association Phonétique Internationale (A.P.I.) verwendet – gewöhnungsbedürftig. Hier ein abgestuftes Beispiel, das berühmte ›Höre Israel!‹:

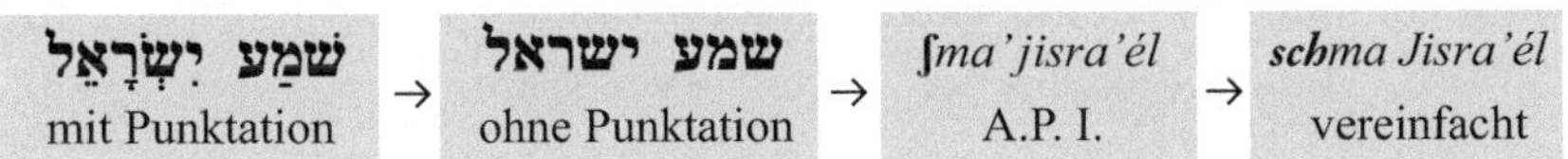

Das Sonderzeichen ʃ wird als sch wie in ›schwierig‹ gelesen, ist's ja auch.

Die Leserichtung im Hebräischen läuft von rechts nach links, also ←. Die Lautumschrift lasse ich aber von links nach rechts gehen, außer wenn anders angegeben.

## Herangezogene Bibelausgaben

(Abkürzungen bei den Zitaten):

**(EÜ)** Stuttgarter Altes Testament, Einheitsübersetzung. Herausgegeben von Erich Zenger. kbw Bibelwerk, Stuttgart $^{4}$2010; © 2000 Katholische Bibelanstalt GmbH, Stuttgart

**(L)** Die Bibel nach der Übersetzung Martin Luthers. Bibeltext in der revidierten Fassung (dort auch eine Konkordanz); Lutherbibel, revidiert 1984, durchgesehene Neuausgabe, © 1999 Deutsche Bibelgesellschaft Stuttgart

**(R)** Die Heilige Schrift des Alten Bundes. Nach dem Grundtext übersetzt von Paul Rießler. Matthias Grünewald Verlag, Mainz 1928

**(E)** Die Heilige Schrift, aus dem Grundtext übersetzt. Elberfelder Übersetzung. Christliche Schriftenverbreitung, Hückeswagen $^{5}$2013.

(V) BIBLIA SACRA VULGATÆ EDITIONIS, SIXTI V. ET CLEMENTIS VIII. EDITIO NOVA, AVENIONE, M. DCC. LXXIV(ein besonderer Schatz in meiner Bibliothek).

(NWÜ) Die Bibel. Neue-Welt-Übersetzung Wachturm Bibel- und Traktat-Gesellschaft, Selters/Ts. 2018.

Biblia Hebraica Stuttgartensia. Herausgegeben von Karl Elliger und Wilhelm Rudolph. 5. verbesserte Auflage, herausgegeben von Adrian Schenker, © 1977 und 1997. Deutsche Bibelgesellschaft, Stuttgart $^{5}$2007

Das Buch der Preisungen. Die Psalmen. Verdeutscht von Martin Buber. Gütersloher Verlagshaus in der Verlagsgruppe Random House, München $^{1}$2008

## Weitere Hilfestellung

Website der Zeugen Jehovas: https://www.jw.org mit Untergruppen.

Wikipedia-Artikel über Adam und Eva:
https://de.wikipedia.org/wiki/Adam_und_Eva
(Download 07.01.2022)

## Konkordanzen

Konkordanz zum Hebräischen Alten Testament. Ausgearbeitet und geschrieben von Gerhard Lisowsky. 3. verbesserte Auflage (Hans Peter Rüger). © Deutsche Bibelgesellschaft, Stuttgart 1958, 1993. (Eine erstaunliche Fleißarbeit – photomechanischer Abdruck des vom Verfasser kalligraphierten Manuskripts – deshalb aber z.T. mühsam zu lesen, da er z.B. das ב und ך und das ל etwas eigenwillig schreibt.

Wortkonkordanz in ›Die Bibel nach der Übersetzung Martin Luthers‹ (s.o.), 294 Seiten (hilfreich, wenn auch nicht so ausführlich wie obenstehende).

Konkordanz in der Neue-Welt-Übersetzung (s.o.): zwar nur 32 Seiten, dafür stehen im Text selbst aber weitaus ausführlichere Querverweise, als dies bei anderen Bibelausgaben sonst gehandhabt wird.

## Um mir die Hebräischen Texte zu erschließen verwendete ich:

Gesenius, Hebräisches und Aramäisches Handwörterbuch[107] über das Alte Testament, 18. Auflage, Gesamtausgabe, Springer-Verlag, Berlin Heidelberg, 2013

PONS, Kompaktwörterbuch Althebräisch, Ernst Klett Sprachen GmbH, Stuttgart 2006

Langenscheidt, Handwörterbuch Hebräisch-Deutsch, Berlin et.al. 2004 (Published in Israel by Achiasaf Publishing House Ltd., Netanya 2004)

Langenscheidt, Handwörterbuch Deutsch-Hebräisch von Jaacov Lavy, Berlin und München 1980 – beim Übersetzen sollte man immer auch in der Gegenrichtung nachschauen, um ggf. sicher zu stellen, dass man auch wieder bei der richtigen Stelle landet.

---

107 ›Handwörterbuch‹ ist gut, das Ding wiegt 3,1 Kilogramm!

# Namensregister

**J**



**K**

**L**



**M**



**N**



**O**



**P**

**R**



**S**



**T**